ライブラリ 経済学 レクチャー & エクササイズ 1

レクチャー＆エクササイズ 経済学入門

上村 敏之 著

新世社

編者のことば

　急速に進む少子高齢化，累積する財政赤字，情報化やグローバル化への対応など，日本経済には課題が山積しています。課題を解決する方法を唱える言説は世にあふれていますが，それが望ましいかどうかを判断することは難しいです。経済学を学ぶことこそ，様々に飛び交う考え方を評価する力を身につけるきわめて有効な方法なのです。

　経済学を学ぶ意義は，経済の動きの理解だけにとどまりません。経済学は論理の積み重ねで成り立っており，経済学を学ぶことで，論理的に考える力を養うことができます。表面的なテクニックの習得に溺れがちな現代社会ですが，経済学の教養が，いまを生きる私たちには大切なのです。

　経済学の学びには，教科書が欠かせません。世の中には，数多くの教科書があふれていますが，自分に合った教科書を探すことは案外難しいです。特に初学者にとっては，その教科書の内容が標準的なのかどうかも，分からないことがあります。まずは本人に合った教科書を読むことが重要なのですが，初学者ほど情報が不足しています。

　これまで新世社では，数多くの経済学ライブラリを公刊してきました。この経験をもとに，経済学の初学者に対して，ここに「ライブラリ 経済学レクチャー & エクササイズ」を公刊します。本ライブラリの特長は次の通りです。

- 経済学を学びたい大学1～2年生，学び直したい社会人を読者に想定しました。
- ERE（Economics Record Examination；経済学検定試験）や公務員試験がカバーする標準的な内容を基本として，これらの試験に対応した練習問題も取り入れました。
- 大学での半期15コマの講義を想定し，予習・復習もサポートする構成としました。
- 読みやすさを重視して2色刷とし，図表をバランス良く配置しました。

　新しい情報を知ったときの子どもの目は輝いています。「知りたい」という欲求は，人間にとって自然なものなのです。本ライブラリによって，読者の「知りたい」欲求が自然にわき上がってくることを，心より願っております。

上村　敏之

はしがき

　本書は，経済学を学びたい初学者や，学び直したい学習者のために書かれた経済学の入門書です。この「はしがき」は，「学習者の皆さんへ」と「授業を担当される先生方へ」に分けておりますので，読者の皆さんの立場によって，読み分けをしていただければ幸いです。

● **学習者の皆さんへ**

　本書は，経済学をまったく学習した経験がない初学者を対象として書かれた経済学の入門書です。この世には，あまたの同類書がありますが，本書が目指すのは，学習者に「経済学的な考え方」を身につけていただくことです。新聞やニュースに登場する経済用語を理解したいという学習者もいるでしょう。それも大切なことですが，単に経済用語を暗記するだけでは，本当の意味で経済学を学んだことにはなりません。

　人生は選択の連続です。今日の午後をどう過ごすか，ランチに何を食べようか，週末は誰と一緒にどこに行こうか……何かを決断しない日はありません。こういった日々の選択において，「経済学で考えたら，どのような選択ができるか」という発想をもたらしてくれる学問が経済学です。

　「経済学で考えたら……」という発想ができれば，自分の中にもう一人の客観的な自分が誕生します。「経済学的な考え方」を身につけることで，より合理的かつ効率的に生きることができます。さらには，その発想を組織や社会に応用することで，組織や社会の効率性を高めることができるでしょう。

　本書を理解するために前提となる知識は，できるだけ少なく設定しました。特に本書の第 1 章「経済学の基礎的な概念」と第 2 章「市場における交換」は，経済学の知識なしでも読むことができるはずです。これらの 2 章で，経済学がどのような学問で，どのような発想をするのか，その概要をつかむことができます。そこから第 3 章以降に進んでいただければと思います。

　また，本書をペラペラめくっていただければ分かるように，多くの図表を用いているのも，本書の特長です。約 100 の図表を準備しました。原則的に，見

開き2頁に1つの図表があります。文章ばかりだと退屈ですし，図は経済学の理解を助けてくれます。ところどころに登場する数式が気になった方もいるかもしれませんが，あまり気にすることはありません。丁寧に説明を加えていますし，ちゃんと理解するために数式は便利な道具なのです。

さて，皆さんのなかには，中学校の『公民』や，高校の『政治経済』の授業で，需要と供給の図を学んだ方も多いでしょう。需要と供給の図は，経済学ではもっとも大切な図の一つです。

需要曲線は右下がり，供給曲線は右上がりで描かれていたのですが，なぜ，そのような図を描くことができるのか，その理由を知っている方は少ないでしょう。何の理由もなしに描かれる図に戸惑う人も多いのではないかと思われます。

そこで本書の第3章「家計の経済行動Ⅰ」と第4章「家計の経済行動Ⅱ」では，なぜ，通常の需要曲線が右下がりになるのかを，第5章「企業の経済行動」では，なぜ，通常の供給曲線が右上がりになるのかを説明しています。

ここまでの準備を終えてから，第6章「市場の働きと政策の効果」において，市場の働きについて学びます。中学校や高校の授業では，この準備作業を飛ばしていたのです。

そして第7章「マクロ経済学の基礎」では，新聞やニュースに登場するGDP（国内総生産）などの経済用語の意味を知りつつ，それらの経済学的な意義を学びます。何を重視するかで，経済学の考え方は大きく異なります。経済学にも様々な考え方があることを知ってください。

本書を読み終え，経済学にいっそう興味をもたれた方は，本ライブラリの続刊となる『レクチャー＆エクササイズ ミクロ経済学』や『レクチャー＆エクササイズ マクロ経済学』，さらには個々の専門分野の教科書へと読み進んでいってください。

本書によって，多くの方々が「経済学的な考え方」を身につけ，皆さんが皆さん自身の生活，皆さんが関わる組織や社会を，よりよく改善していただけることを，著者として期待しています。

● **授業を担当される先生方へ**

本書は，経済学をまったく学習した経験がない初学者を対象として書かれて

います。具体的には，①経済・経営系の大学での1年生向け授業，②経済・経営系でない大学での教養としての経済学の授業，③専門学校や各種学校における経済学の授業などでの活用を想定しています。さらには，④経済・経営系の大学に入学予定の高校生向けの事前課題にも対応しています。以下で，具体的な活用方法を示します。

第1に，本書を授業で使う場合です。本書は7章立てです。1つの章には4つの**レクチャー**が入っています。本書は合計28のレクチャーで構成されています。

たとえば大学での授業は基本的に半期15回なので，1回の授業で2つのレクチャーを割り当てることができます。次頁の表「**授業での利用を想定したシラバスの例**」では，シラバスの一例を示しています。

もちろん，途中で復習や中間テストを入れるなど，担当者の工夫によってシラバスは変わります。専門学校や各種学校でも，その学校に合わせた運営が望ましいでしょう。ここでは，あくまで一例を示すに留めます。

本書の各章は，「**予習→レクチャー→復習→練習問題**」という一連の流れで構成され，授業を履修する学生への授業内外の課題についても対応しています。それぞれの章の扉ページに予習が示されています。予習は授業前の事前課題として，たとえば簡単なレポートに活用できます。1つのレクチャーの後には，簡単な穴埋め問題を示した復習を設けています。復習とコラムは，授業内のブレイクにも活用できるでしょう。

また，すべての章の終わりには，練習問題が示されています。これらも，授業外の課題として使うこともできますし，授業内で学生に解かせることもできるでしょう。特に，すべての章の練習問題の問題7と問題8は，レポート課題になっており，レポートによる評価に利用できます。問題では，便宜的に「1,000字以上」という字数を指定していますが，授業を担当される先生方の裁量で字数を調整すればよいでしょう。

第2に，経済・経営系の大学に入学予定の高校生向けの事前課題として本書を活用する場合です。大学の入試形態の多様化により，推薦入試の場合，早ければ高校3年生の秋には大学への入学が決まっています。そのような生徒には，入学前に課題を提示する大学も多くなっています。

本書を事前課題として活用する場合は，たとえば**第1章「経済学の基礎的な**

表　授業での利用を想定したシラバスの例

授業	本書の章	レクチャー
第1回	第1章 「経済学の基礎的な概念」	1.1　人間の欲求と資源の希少性 1.2　消費と生産の関係
第2回		1.3　効率的な生産とは 1.4　経済成長と資本蓄積
第3回	第2章 「市場における交換」	2.1　分業のメリット 2.2　なぜ交換するのか
第4回		2.3　貨幣の機能 2.4　市場の仕組み
第5回	第3章 「家計の経済行動Ⅰ」	3.1　限界効用と価格 3.2　予算の制約
第6回		3.3　効用と無差別曲線 3.4　右下がりの需要曲線
第7回	第4章 「家計の経済行動Ⅱ」	4.1　消費者余剰 4.2　需要の価格弾力性
第8回		4.3　所得弾力性 4.4　労働供給
第9回	第5章 「企業の経済行動」	5.1　総費用 5.2　利潤
第10回		5.3　平均費用と限界費用 5.4　右上がりの供給曲線
第11回	第6章 「市場の働きと政策の効果」	6.1　市場需要曲線と市場供給曲線 6.2　市場の調整メカニズム
第12回		6.3　市場と政府 6.4　政策の効果に関する余剰分析
第13回	第7章 「マクロ経済学の基礎」	7.1　マクロ経済とGDP 7.2　財市場の総供給曲線
第14回		7.3　国民所得の決定 7.4　マクロ経済政策の効果
第15回	復習・試験	—

概念」と**第2章「市場における交換」**を読ませて，練習問題の問題7と問題8にあるレポート課題を提出させる方法が望ましいです．これらの2章は，新書のように読むことができるので，高校生向けの課題としては最適です．

　時間が許せば，残りの章も同様に，練習問題の問題7と問題8をレポート課

題とすることができます．もちろん，入学が決まる時期が生徒によって異なるため，課題の分量を調整することは必要でしょう．

ここでは著者の視点から，本書を活用する方法について述べてきました．多くの先生方に本書を役立てていただけることを期待しています．

●いろいろな方々への謝辞

本書の執筆依頼をいただいてから，はや4年の年月が経過しました．当初は，これほど時間をかけるつもりはありませんでした．この間，勤務先の大学で副学部長や学長補佐などの役職に就き，同時並行で数冊の本を執筆していましたが，それは言い訳に過ぎません．

恩師である山本栄一先生（故人）は，「専門家が難しいことを難しく書くのは簡単だ．易しく書くのが難しいのだ」と仰っていました．本書は，私の14冊目（改訂を除けば12冊目）の本ですが，「易しく書くのが難しい」ことを，これほど痛感させられた本は初めてでした．

経済学をまったく知らない初学者を想定し，分かりやすい表現と内容を模索するために，何度も何度も書き直しました．経済学の入門書だからこそ，分かりやすく伝えるにはどうすればよいか，実に悩みました．私の思いが，どこまで読者の皆さんに届くかは，本書を読んでいただくしかありませんが，少しでも「経済学的な考え方」が伝われば嬉しい限りです．

本書は新世社の「ライブラリ 経済学レクチャー & エクササイズ」の一冊です．私は本ライブラリの編者も務めています．本ライブラリがますます充実し，経済学の理解が世の中に浸透することを期待しています．

新世社編集部の清水匡太氏には，なかなか進まない私の執筆状況を我慢強く温かく見守っていただきました．新世社からは，すでに『コンパクト 財政学』（現在第2版）と『公共経済学入門』の2冊の教科書を公刊させていただいており，私にとって本書は3冊目になります．教科書で定評のある新世社から3度目の出版の機会をいただけたことに感謝しています．

最後に，個々にお名前を挙げることはいたしませんが，私を取り巻くすべての方々，とりわけ職場である関西学院大学の方々，家族や親族，そして友人たちに，この場を借りてお礼を申し上げます．

齢を重ねるにつれて私は，これまで私だけの力で生きてきたのではないこと

を実感するようになりました。実に多くの機会を私に与えていただき，与えていただいている周りの方々に感謝し，今度は私が多くの方々に多くの機会を与えてゆけるようになりたいと思っています。

　本書も，その一環になれば幸いです。

　　2017年7月　西宮上ヶ原キャンパスにて

　　　　　　　　　　　　　　　　　　　　　　　　　　　　上村　敏之

目　次

はしがき ………………………………………………………………………… i

第1章　経済学の基礎的な概念　　　　　　　　　　　　1

予　習 …………………………………………………………………………… 1
学びのポイント ………………………………………………………………… 1
レクチャー 1.1　人間の欲求と資源の希少性 ……………………………… 2
レクチャー 1.2　消費と生産の関係 ………………………………………… 9
　コラム 1.1　生産関数をイメージする …………………………………… 11
　コラム 1.2　企業の財務諸表にみる実物資本 …………………………… 19
復　習 …………………………………………………………………………… 20
レクチャー 1.3　効率的な生産とは ………………………………………… 20
レクチャー 1.4　経済成長と資本蓄積 ……………………………………… 30
　コラム 1.3　フローとストック …………………………………………… 35
復　習 …………………………………………………………………………… 36
練習問題 ………………………………………………………………………… 36
練習問題解答 …………………………………………………………………… 38

第2章　市場における交換　　　　　　　　　　　　　39

予　習 …………………………………………………………………………… 39
学びのポイント ………………………………………………………………… 39
レクチャー 2.1　分業のメリット …………………………………………… 40
レクチャー 2.2　なぜ交換するのか ………………………………………… 47
復　習 …………………………………………………………………………… 52
レクチャー 2.3　貨幣の機能 ………………………………………………… 52
　コラム 2.1　貨幣の歴史 …………………………………………………… 56
レクチャー 2.4　市場の仕組み ……………………………………………… 59
復　習 …………………………………………………………………………… 64

| 練習問題 | 64 |
| 練習問題解答 | 66 |

第3章　家計の経済行動 I　　67

予習	67
学びのポイント	67
レクチャー 3.1　限界効用と価格	68
レクチャー 3.2　予算の制約	75
コラム 3.1　経済学のモデルとは	76
復習	79
レクチャー 3.3　効用と無差別曲線	80
レクチャー 3.4　右下がりの需要曲線	87
復習	92
練習問題	93
練習問題解答	95

第4章　家計の経済行動 II　　97

予習	97
学びのポイント	97
レクチャー 4.1　消費者余剰	98
レクチャー 4.2　需要の価格弾力性	103
コラム 4.1　コーヒーの価格が紅茶に与える影響	110
復習	111
レクチャー 4.3　所得弾力性	111
レクチャー 4.4　労働供給	117
復習	123
練習問題	124
練習問題解答	126

第5章　企業の経済行動　　127

| 予習 | 127 |

学びのポイント	127
レクチャー 5.1	総 費 用	128
レクチャー 5.2	利 潤	133
コラム 5.1	価格に影響を与える企業の存在	134
復 習	137
レクチャー 5.3	平均費用と限界費用	137
レクチャー 5.4	右上がりの供給曲線	142
復 習	148
練 習 問 題	148
練習問題解答	150

第6章　市場の働きと政策の効果　　151

予 習	151
学びのポイント	151
レクチャー 6.1	市場需要曲線と市場供給曲線	152
レクチャー 6.2	市場の調整メカニズム	159
コラム 6.1	完全競争市場の条件	164
復 習	167
レクチャー 6.3	市場と政府	168
レクチャー 6.4	政策の効果に関する余剰分析	176
復 習	182
練 習 問 題	183
練習問題解答	185

第7章　マクロ経済学の基礎　　187

予 習	187
学びのポイント	187
レクチャー 7.1	マクロ経済と GDP	188
レクチャー 7.2	財市場の総供給曲線	198
復 習	204
レクチャー 7.3	国民所得の決定	204

コラム 7.1　国内総生産と国民所得 ……………………………206
レクチャー 7.4　マクロ経済政策の効果 ……………………………212
　　コラム 7.2　無限等比級数の和 ……………………………………217
復　　習 ………………………………………………………………………220
練 習 問 題 ………………………………………………………………………220
練習問題解答 …………………………………………………………………222

索　　引 ………………………………………………………………………223
著 者 略 歴 ………………………………………………………………………227

第1章
経済学の基礎的な概念

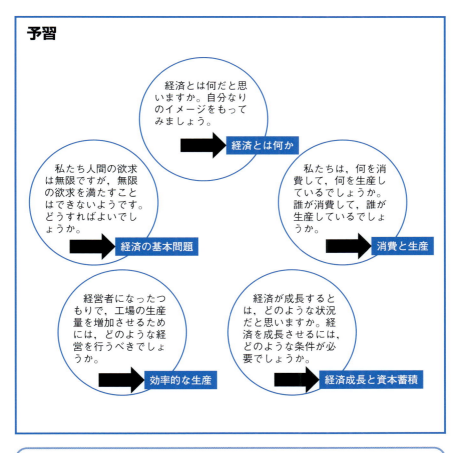

学びのポイント
1. 人間の欲求と資源の希少性の関係について学ぶ。 ──────→ p.2
2. 経済の基礎である消費と生産の関係について学ぶ。 ──────→ p.9
3. 効率的な生産の意味について学ぶ。 ──────→ p.20
4. 経済成長とは何か，その効果について学ぶ。 ──────→ p.30

レクチャー 1.1　人間の欲求と資源の希少性

● 経済とは何か

経済と聞いて，皆さんはどのような印象をもちますか。日々の新聞やニュースでは，株価や為替といったお金に関わる情報が流れています。お金に関わる話が経済だと考えることも間違いではありませんが，それだけが経済の範囲ではありません。

新聞やニュースが取り扱うお金に関わる情報だけが経済だと考えるならば，それは明らかに狭い考え方です。そのような発想をもっている方は，まず，その固定観念から脱却しましょう。意外に経済は私たちの身の周りにあります。このことを意識できるかどうかが，経済を知る上で大切なのです。

「経済」という言葉は，古代中国のいくつかの古典に登場する「経国済民（けいこくざいみん）」または「経世済民（けいせいざいみん）」が語源です。もともとは「世を経（おさ）め，民を済（すく）う」という政治的な意味をもつ言葉だったのが，徐々に経済運営を示す言葉になりました。「世を経（おさ）め，民を済（すく）う」の視点は，社会全体で経済をとらえるマクロ経済を想定していると考えられます。

一方，「経済」は英語でエコノミー（economy）ですが，この言葉は古代ギリシャ語のオイコノミア（oikonomia）が語源です。オイコノミアは，オイコス（家：oikos），ノモス（規則：nomos），ロゴス（学問：logos）の合成語で，もともとは家の管理など家政を意味する言葉でした。英和辞典をひくとeconomy は「節約」ともあり，「この車は燃費がよくて経済的だ」と言うときの「経済」は，無駄がなくて安上がりだという意味です。これらの視点は，個々の家の活動をとらえるミクロ経済を想定していると考えられます。

「経済」が，古代ギリシャ語に語源をもつことからも，経済の歴史はかなり古いことがわかります。大昔に人間が集団生活を始めた頃から，すでに経済は生まれていました。そのときは，まだ経済という言葉もなければ，学問としての経済学もありませんでした。それでも人間の生活に関わる経済は，すでに原始時代から，現象として存在していたのです。

経済が何かを知るには，そもそも人間はどのような生物なのか，人間はどのような社会をつくってきたのか，人間生活の根本から考えることが大事です。人間は一人では生活できません。一人暮らしの人が，コンビニでお弁当を買う

ことができるのは，誰かがお弁当をつくっているからです。一人暮らしであっても，本質的には一人では生活していません。人間は集団をつくり，社会をつくって，生活をしているのです。まずは，人間の活動について考えることが，経済を知る第一歩になります。

● **人間は経済的欲求をもつ**

　私たち人間は，何かが欲しいという**経済的欲求**をもっています。食品や衣類，家電製品，自動車などのように，目に見えるモノとしての**財**のほかに，医療や保育，教育や散髪といった，決まった形のない**サービス**も，経済的欲求の対象になります。携帯電話はモノですが，電話の利用はサービスです。経済学では，財とサービスをまとめて**財・サービス**とよびます。

　人間は個人でも経済的欲求をもちますが，人間の集団も経済的欲求をもつことがあります。たとえば学校のクラブやサークルは，活動を行う上で，練習器具を買いたい，部室に冷蔵庫が欲しい，合宿をしたいなど，集団としての経済的欲求をもちます。**図1.1**をご覧ください。

図1.1　人間の経済的欲求

　一人暮らしの人も**家計**ですが，複数の人間による家計もみられます。すべての人間は，一人の人間から誕生するのではなく，生物的に男女1組の人間から生まれます。人間は生まれてすぐに立ち上がることができず，成熟した大人になるまでの子どもの期間が長いです。そのため，多くの人間は，誕生してから一人で生活をせず，複数の人間によって家計を形成します。

　企業や**政府**も，集団としての経済的欲求をもちます。企業は財・サービスを生産しますが，売上や利益を追求するのは，企業の経済的欲求です。国民をうまく統治し，国の経済を発展させるために，公共事業で道路や橋梁や空港といった社会資本を建設したいと考えるのは，政府の経済的欲求です。

もちろん，家計も企業も政府も，あらゆる個人や集団は，個々の人間によって形成されているからこそ，集団が経済的欲求をもつことは自然です。むしろ，何らかの経済的欲求をもつからこそ，人間は集団を形成するとも考えられます。<u>経済学では，家計や企業や政府が，経済的欲求にもとづいて，合理的に行動すると考えます。</u>

　ところで，人間がもつ欲求は，経済的欲求にとどまりません。名誉や愛，承認や人のぬくもりなど，金銭では入手できない非経済的欲求をもつのもまた人間です。財・サービスへの経済的欲求よりも，精神的な欲求を満たすことが，現代社会では注目されることも多いです。

　しかしながら，衣食住をはじめとする経済的欲求が，ある程度満たされなければ，精神的な欲求が生じることはないでしょう。「衣食足りて礼節を知る」とは，物質的に満たされているからこそ，礼儀に心を向ける余裕が出てくるという意味です。その意味でも貧困は大きな経済問題なのです。そのため，本書で展開する基礎的な経済学では，金銭で入手できる財・サービスを考察の対象とします。

　財・サービスは，人間の経済的欲求の対象ですが，必ずしも人間を満足させるものばかりではありません。財のなかでも，人間にとって役に立つ有益な**正の財**と，人間にとって役に立たない有害な**負の財**があります。負の財はゴミや産業廃棄物などがその例です。正の財は金銭で入手できますが，負の財は金銭を使わなければ処理できないという特徴があります。

● 消費財の生産と消費

　家計は，財・サービスを消費して，経済的欲求を満たそうとしています。「衣食住」といいますが，食べて着て住むことは，家計の生活に欠かせません。人間として生活する上で最低限の消費もあれば，贅沢な消費もあります。旅行を楽しみ，おしゃれな服や美味しい食事を望むことも，人間の経済的欲求です。家計の消費の対象になる財・サービスを**消費財**といいます。図 1.2 をご覧ください。

　消費財は，耐久性がどのぐらいあるかによって，**耐久消費財**，**半耐久消費財**，**非耐久消費財**に分けられます。耐久消費財は，消費が長期間持続すると想定される消費財で，家電製品や自動車がその例です。半耐久消費財は，消費期間が

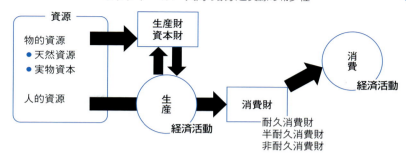

図 1.2 消費財の生産と消費

比較的短いもので，衣類，靴，鞄などが該当します。非耐久消費財の消費は短期間で終わります。具体例として食品があげられます。

家計が消費財を消費するには，誰かが**生産**しなければなりません。たとえば衣服は，綿花やポリエステルなどの原材料を機械や人間の手によって加工して生産されます。食品も同様です。私たちは，生産がなされた消費財に囲まれて生活を営んでいます。消費と生産は基本的な**経済活動**です。

生産には**資源**が必要です。資源には**物的資源**と**人的資源**があり，物的資源は**天然資源**と**実物資本**に分けられます。天然資源とは自然であり，たとえば土地，石油，石炭，森林などです。実物資本とは，道具，機械，工場の建物などを指します。

人的資源とは人間の**労働**です。人的資源には，労働時間だけでなく，生産を効率的に実施するための知恵やスキル，さらには人間の健康状態も含まれます。「体が資本」という表現は，人的資源の概念を的確に示しています。

以上の資源を組み合わせることで，生産が行われていますが，もっとも単純な生産方法は，天然資源と労働（人的資本）の組み合わせです。たとえば，天然のリンゴをリンゴの木から手でむしり取り，川の魚を手づかみで捕らえることは，天然資源と労働の組み合わせによる生産方法です。

現代の生産の形態は，もっと複雑です。コンビニで売っているおにぎりをつくる過程を考えてみてください。土地に田んぼをつくり，農家が種をまき，稲を育てます。収穫した稲を米に精製し，工場の機械で米を炊いておにぎりの形にし，パッケージに包みます。トラックでコンビニに運び，おにぎりが店頭に並びます。この過程には，天然資源（土地），実物資本（工場，機械，トラッ

ク，コンビニ），人的資源（農家，トラック運転手，コンビニ店員の労働）といった資源が活用されています。

消費財の生産には，様々な財が使用されています。おにぎりの例でいえば，種や海苔や具材は原材料です。消費財を生産するために使用する原材料や部品などの財を**生産財**といいます。生産の際に使われる道具や機械も財の一種ですが，これらは**資本財**（もしくは**投資財**）とよばれます。生産財や資本財もまた，資源から生産されます。

資本財を使わなくても生産できる消費財もありますが，ほとんどの消費財は資本財を用いて生産されています。資本財を使うのは，そのほうが効率的に生産できるからです。人間は道具（資本財）を工夫して改良し，生産を効率化できました。発明や技術進歩は，他の生物にはない人間の特徴だと考えられ，それが経済を発展させたのです。

● 経済の基本問題

私たち人間の欲求には上限があるのでしょうか。むしろ，一定の欲求が満たされると，私たちは次の欲求を満たそうとしていませんか。いったん何かに満足しても，その状態に慣れてしまえば，次の新たな欲求が出てくるのが，人間の欲求の特徴なのではないでしょうか。

経済学では，人間の経済的欲求は**無限**だと考えます（欲求の非飽和性）。無限の経済的欲求を満たすには，無限の資源が必要です。資源が無限にあれば，無限に財・サービスを生産でき，無限の経済的欲求を満たすことができます。そのような世界では，誰もが満足した生活ができるでしょう。ところが，現実には，貧困に苦しむ人々がいます。生活に困窮する人々がいることは，資源が無限には存在しないことを示しています。

どのような国でも，国土には限りがあり，土地（天然資源）は有限です。そのため，消費財を生産するための工場（実物資本）を無限に設置できません。そもそも，すべての人間に与えられている時間（人的資源）は，1日であれば24時間だけなので，無限に働くことはできません。この世では，物的資源も人的資源も**有限**なのです。

残念ながら私たちは，無限に資源が存在する世界には住んでいません。有限の資源から生産される消費財も有限となり，すべての人間の経済的欲求を満た

すことはできません。これが**経済の基本問題**です。

　経済の基本問題は，人間が生活を始めた原始時代から，あらゆる時代の人間が抱えてきた恒久的な問題です。人間社会は，自然から資源を取得するだけでは満足せず，他人の資源を奪うことも繰返し行われてきました。国同士になれば，それは戦争にまで発展します。

　有限の資源で無限の経済的欲求は満たせないため，経済の基本問題を完全に解決することは，残念ながら不可能です。しかし，資本財に改良を加えてきた人間だからこそ，生活を少しでも改善したいと考えることは当然ですし，改善を目指して努力することもまた，人間の特徴です。

　これまで人間は，経済の基本問題という難問に対して，次の2つの方法で対応してきました。図1.3をご覧ください。

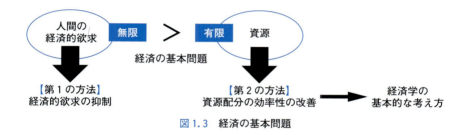

図1.3　経済の基本問題

　経済の基本問題に対する第1の方法は，人間の経済的欲求を抑制することです。そもそも経済的欲求が無限であることが問題なのですから，有限である資源に合わせて，欲望を抑えることができれば，経済の基本問題はそうとう解決しそうです。

　欲望は悪徳であり，欲望の抑制は美徳であるという考えは，この世の中にあふれています。節制を保ち，節約や倹約につとめることは，古今東西にわたって大事だと言い伝えられてきました。多くの宗教においても，倹約は望ましいとされています。人間の経済的欲求が，経済の基本問題を生じさせることから，それを解決するために，人間が考え出したアイディアだと思われます。

　究極的には，僧のように出家すれば，経済的欲求をかなりの程度，抑制できるかもしれません。しかし，すべての人間がそのような禁欲的な生活を送ることは現実的には無理です。仮に，すべての人間が出家して僧になれば，彼らの食料などを誰が調達するのかという新たな経済問題が発生するでしょう。その

ため，第1の方法は現実的ではありません。

　経済の基本問題に対する第2の方法は，無限の経済的欲求を前提にします。経済的欲求は悪ではなく，むしろ，人間が経済的欲求をもつからこそ，人間の社会が発展してゆくと考えます。事実，様々な発明や技術進歩によって生まれた新しい消費財によって，私たちの生活は劇的に改善してきました。

　洗濯機や掃除機は，家計の生活を格段に便利にしました。コンピューターが発明されていなければ，いまの私たちの暮らしはどうなっていたでしょう。発明や技術進歩は，人間の生活を改善したいという経済的欲求から生まれ，新たな財・サービスをもたらし，世界中の多くの人々に恩恵を与えるのです。

　第2の方法は，人間の無限の経済的欲求を受け入れ，経済的欲求を満たす資源をいかにして増やすのか，いかに配分するのか，といった**資源配分**の効率性の問題を考えます。資源配分の効率性こそ，本書で学習する経済学が経済をとらえるときに基本とする考え方なのです。

● 経済財と自由財

　資源配分が重要なのは，ほとんどの資源が**希少性**（稀少性）をもつためです。希少性とは，人間が経済的欲求によって欲しいと考える資源の数量が，現実に存在する資源の数量を超えている状態を指します。マグロのトロを食べたい人は多いですが，地球上のマグロを集めても，すべての人が欲しいと思う数量を満たすことはできません。

　希少性をもつ財が**経済財**です。農作物や海産物も，希少性をもつ経済財です。経済財は経済の基本問題に直面しています。図1.4をご覧ください。ほとんどの財は経済財ですが，この世のすべての財が経済財であるかといえば，そうではありません。空気中の酸素のように，希少性をもたない**自由財**もあります。自由財は経済の基本問題を抱えません。酸素は，人間が生きてゆくのに必要な数量よりも，現実に存在する数量が上回っています。ただし，酸素が常に自由財かといえば，そうともいえません。

　酸素は，森林などが光合成によって産み出しています。もし，大部分の森林が消失し，酸素が十分につくられない社会になれば，酸素は自由財でなくなるかもしれません。また，未来の社会では，人間が月に移住しているかもしれません。月には酸素はありませんから，地球から送るか，月で生産する必要があ

図1.4　経済財と自由財

ります。この場合も酸素は希少性をもち、経済財になります。

経済の環境や時代が変わると、自由財も経済財に変化します。かつて経済財であった財が、時間を経ることで人間の経済的欲求を満たさなくなった場合もあります。流行が終わると不要になる消費財が典型例です。特に技術進歩が激しいコンピューターの世界では、人間の経済的欲求を満たさなくなってしまった機器は多くあります。

自由財のような特殊な財もありますが、基礎的な経済学では、人間が経済的欲求の対象とする経済財を考察の対象とします。資源の希少性により、人間は己の経済的欲求を完全に満たすことはできません。完全に満たすことはできなくても、どのようにすれば無駄なく、人間の経済的欲求を可能な限り満たすことができるのか、この意味で効率的な資源配分を考えることが重要になります。

レクチャー 1.2　消費と生産の関係

● 生産要素による財・サービスの生産

資源の希少性という制約のもとで、人間の経済的欲求にできるだけ応えるには、どうすればよいでしょうか。まずは、希少な資源を用いて、財・サービスをできるだけ生産することです。財・サービスの生産には、実物資本と人的資源といった資源が用いられます。人的資源は労働のことでした。

実物資本は単に**資本**ともよばれます。網や釣り糸、包丁やジューサーも実物資本です。形のある実物資本だけでなく、コンピューターのソフトウェアのような無形の実物資本もあります。経済学では、効率的に生産を行うために、人間が労働によって作り出した資本財も実物資本に含めます。資本財は人間によって生産された実物資本です。

素手よりも，釣り竿や網（実物資本）をつくることで，多くの魚を捕らえることができます。手作業よりも，機械（実物資本）を用いるほうが，より多くのお菓子を生産できます。会社を設立するときの資金を「資本金」とよぶことも，その会社が販売する財・サービスを生産するために，必要な資本財を確保する資金を意味していると考えることもできます。

財・サービスは，土地，労働，実物資本などによって生産されます。財・サービスの生産に必要な土地，労働，実物資本を生産要素とよびます。いわば生産とは，インプット（投入）である生産要素を，アウトプット（産出）である財・サービスに技術的に変換する技術だといえます。

労働や土地などのように，他の財・サービスからは生産できない生産要素が本源的生産要素です。機械や道具のような実物資本は労働などから生産されるため，本源的生産要素ではありません。

サンドウィッチ工場での生産を考えましょう。工場の土地の数量が 1,000m^2，実物資本である工場と機械の価値が 5,000 万円，労働の数量を 15,000 マンアワー，原材料となるパン，卵，ハムなどの具材の数量を 60 トンとします。

マンアワーとは労働者数（マン）×労働時間（アワー）のことで，たとえば労働者 10 人が 1 人につき年間 1,500 時間だけ働けば，15,000 マンアワー（＝ 10 人×1,500 時間）となります。なお，労働は量だけでなく質も重要であり，労働者の知恵やスキルが生産に影響を与えますが，ここでは考えないこととします。

具体的なイメージは，1,000m^2 の土地に 5,000 万円の価値をもつ工場と機械が備えつけられており，労働者 10 人が 1 人につき年間 1,500 時間だけ働いている状況です。労働者は，実物資本である工場と機械をフルに利用し，原材料である生産財 60 トンからサンドウィッチ 30,000 個を生産できたとしましょう。このとき，サンドウィッチ工場による生産には，下記のような関係を見出せます。

$$\text{サンドウィッチ } 30,000 \text{ 個} = F(\text{土地 } 1,000\text{m}^2, \text{ 実物資本 } 5,000 \text{ 万円},$$
$$\text{労働 } 15,000 \text{ マンアワー}, \text{ 生産財 } 60 \text{ トン})$$

図 1.5 をご覧ください。この関係は，右辺にインプット（投入），左辺にアウトプット（産出）が示されています。右辺の生産要素を投入すれば，産出と

してサンドウィッチが生産されるという関係です。ここで F は，生産要素をサンドウィッチに変換する工場の**生産技術**を意味します。インプットをアウトプットに変換するという生産技術が**生産関数**であり，生産技術と生産要素は生産能力を示しています（関数が苦手な方は本章**コラム 1.1** 参照）。

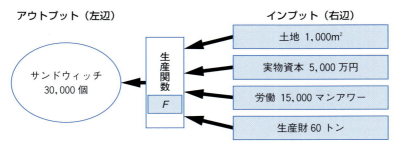

図 1.5 サンドウィッチの生産関数

コラム 1.1　生産関数をイメージする

「関数 (!)」と聞いて，数学は苦手だと感じた人は，是非ともこのコラムを読んでください。関数とは「ある変数（おおむね右辺）の変化にともなって変化する変数（おおむね左辺）の関係」です。生産関数では，インプットの数量（右辺）によって生産されるアウトプットの数量（左辺）の関係について考えています。

具体的に考えてみましょう。サンドウィッチの数量 Y（個）が実物資本 K（万円）と労働 L（人）で生産されていると考えます。簡単化のため，実物資本は機械の価値，労働は労働者の人数とします。土地と生産財は省略します。

いま，サンドウィッチの生産関数 F が $Y=F(K, L)=K^{0.2}L^{0.8}$ として表現できるとします。$L^{0.8}$ は，「L の 0.8 乗」です。0.8 乗のイメージがつかない人がいるとは思いますが，具体的に労働者の人数 L を 0 人から 1 人ずつ 5 人まで増やす状況を考えましょう。

$L^{0.8}$ の L に数字を代入してゆきます。$L=0$ のときは $0^{0.8}=0$，$L=1$ のときは $1^{0.8}=1$，$L=2$ のときは $2^{0.8}=1.74$ になります。下記の表にあるように，労働者の人数とともに $L^{0.8}$ も徐々に増えてゆきます（小数点第 2 位までを表示しています）。電卓や表計算ソフトで計算して確認してみてください。

労働者の人数 L（人）	0	1	2	3	4	5
$L^{0.8}$	0	1	1.74	2.40	3.03	3.62

いま,実物資本 K は 100 万円で一定 ($K^{0.2}=100^{0.2}=2.51$) とします。労働者 L を増やしたとき,サンドウィッチの数量 Y がどのぐらいになるかを検討します。労働者 0 人のとき,$Y=100^{0.2}\times 0^{0.8}=0$ となり,生産されるサンドウィッチの数量 Y は 0 個です。労働者 1 人ならば $Y=100^{0.2}\times 1^{0.8}=2.51$ 個,労働者 2 人ならば $Y=100^{0.2}\times 2^{0.8}=4.37$ 個,…,労働者 5 人ならば $Y=100^{0.2}\times 5^{0.8}=9.10$ 個です。まとめると下記の表になります。

実物資本 K(万円)	100	100	100	100	100	100
$K^{0.2}$	2.51	2.51	2.51	2.51	2.51	2.51
労働者の人数 L(人)	0	1	2	3	4	5
サンドウィッチ Y(個)$=K^{0.2}L^{0.8}$	0	2.51	4.37	6.04	7.61	9.10

インプットである労働者の人数 L(実物資本 K)の数量を増やせば,アウトプットである財 Y の数量が増えるという関係が生産関数です。これで生産関数のイメージはつかめたのではないでしょうか。

● 実物資本と労働による生産

ところで,そもそも原材料であるパン,卵,ハムなどの具材も,サンドウィッチ工場に運ばれてくる前の段階で生産された生産財です。パンは小麦を原材料としてパン工場で生産されます。小麦は小麦農家によって生産されます。卵はニワトリ農家,ハムは酪農家によって生産されます。これらの工場や農家でも,やはり土地と実物資本と労働が投入されています。

サンドウィッチの原材料(生産財)もまた,もともとは土地と実物資本と労働が投入されて生産された生産財です。したがって,パン,卵,ハムなどの原材料についても,下記のような生産関数 G が存在するはずです。

　　原材料の数量=G(土地,労働,実物資本)

サンドウィッチの生産関数 F(土地,実物資本,労働,生産財)と原材料の生産関数 G(土地,労働,実物資本)を統合すれば,生産財を省略したサンドウィッチの生産量の生産関数 H が次のように示せます。イメージとして図 1.6 もご覧ください。

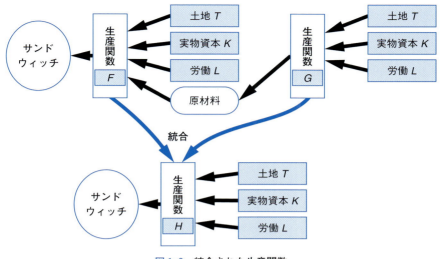

図1.6 統合された生産関数

　サンドウィッチの数量
　　$=F\{土地, 実物資本, 労働, G(土地, 実物資本, 労働)\}$
　　$=H(土地, 実物資本, 労働)$

　この関係を，より一般的な表現にしてみましょう。土地の数量を T，実物資本の数量を K，労働の数量を L として，アウトプットである財・サービス（ここではサンドウィッチ）の生産量を Y とすれば，次のような関係となります。

　　$Y = H(T, K, L)$

　生産関数は，右辺の（　）内の数量，すなわち土地 T，実物資本 K，労働 L が変化したときに，左辺の財・サービスの生産量 Y が変化する関係を意味しています。一般的に，土地は短期的には増加することがなく，国土が増えることは希であることから，生産要素としての土地 T は省略することが多くあります。このとき，単純化した生産関数は次のように描けます。

　　$Y = H(K, L)$

　多くの経済学の教科書では，この単純化した生産関数を使って話を進めます。

生産要素でありインプットである実物資本 K と労働 L が，アウトプットである生産量 Y に変換されるというイメージをもつようにしてください。通常は，実物資本 K や労働 L を増やすと，生産量 Y も増えるという関係があります。

● 実物資本と労働の効率的な組み合わせ

さて，企業を経営する経営者の気持ちになり，どのようにすれば，できるだけ多く生産できるようになるかを考えてみましょう。使うことができる実物資本 K と労働 L の数量が限定されているならば，そのなかで，もっとも多い生産量が達成できることが，資源配分にとって望ましいのは当然です。

<u>希少な生産要素を，現時点の生産技術のもとで最大限活用し，最大の生産量を目指すことが，資源配分の効率性の視点になります。</u>

いまいちど，生産要素が希少であることを，確認しておきます。どんな人間にも，1日24時間という時間は公平に与えられています。そのため，人間は無限に働くことができず，労働は希少性をもちます。

もちろん，同じ労働時間でも，人によって仕事の質と量に差が出てくることは，よくあります。これは，個々の人間によって，能力に差があるからです。能力の差は，体格や知識，健康状態や経験などによって左右されます。とはいえ，どれだけ能力の高い人でも，1日24時間を超えて働くことはできないため，やはり労働は希少性をもちます。

言うまでもなく，天然資源や土地は有限です。これらの生産要素が有限だからこそ，生産要素から生産される財・サービスも有限になります。また，有限である労働からつくられる実物資本も，やはり有限になります。実物資本の例は道具や機械ですが，実物資本と労働が結びつくことで，財・サービスが生産できます。

このとき，与えられた生産技術のもとで，いかに実物資本と労働を組み合わせるかが，経営者の経営センスとして重要です。大量の機械を導入したとしても，その機械を動かす労働者がいなければ，生産は増えないからです。

たとえば，敷地面積 $1,000m^2$ のサンドウィッチ工場に，サンドウィッチを製造する機械が10台あるとします。この機械を動かすには，1台につき最低1名の労働者が必要だとします。そのため，この企業は労働者を10名雇っているとします。

この企業の経営者が，生産を増やしたいと考え，機械を10台追加し，合計20台に増やしたとしましょう。機械の台数を2倍にすれば，サンドウィッチの生産量は2倍になるでしょうか。残念ながらそうはなりません。この機械は1台につき，1名の労働者が必要でしたので，追加で導入した10台の機械については，動かす労働者がおらず，生産量の増加に結びつきません。実物資本は，どれだけ稼働しているかが重要なのです。

　そこで，労働者を10名増やし，合計20名にします。そうすれば，生産量は増えると考えられます。ただし，機械と労働者をどんどん増やしてゆけば，生産量がうなぎ登りに増えるかといえば，そうではありません。この工場は，敷地面積が1,000m^{2}に制限されています。機械と労働者をやたらと増やせば，敷地が足りなくなります。土地の制約のもとで，生産要素を増やしても，生産に寄与しません。

　このように，労働と実物資本をうまく組み合わせ，資源配分の効率性がもっとも高くなるように生産を行うことが，企業の経営者に求められるのです。

● 消費と生産の場，家計と企業の分離

　財・サービスの消費のために，生産要素を使って財・サービスを生産するのが，経済の基本的な流れです。経済活動である消費と生産の循環こそが，経済の基本的な姿です。それでは，誰が生産し，誰が消費するのでしょうか。

　イギリスのダニエル・デフォーの有名な小説に，『ロビンソン・クルーソー漂流記』があります。船の難破で，他の乗組員はすべて死亡するなか，離島にたどり着いたロビンソン・クルーソーは，たった独りで生活を始めます。彼は，島で発見した大麦の種を，すぐに消費しません。畑を耕して種をまき，大麦畑を整備します。島で捕らえた山羊をすべて食用にせず，一部を飼うことで殖やします。彼は，自ら生産し，自ら消費をしていたのです。

　現代の先進国の経済では，このような個人による自給自足はみられませんが，消費のために生産を行うことの大切さを，ダニエル・デフォーの小説から学ぶことができます。主に消費を行うのが家計で，主に生産を行うのが企業であるとしたとき，ロビンソン・クルーソーの生活と現代社会の経済は，2つの異なる側面があります。

　図1.7をご覧ください。第1は，消費と生産の場が一致しているか，分離し

ているかです。ロビンソン・クルーソーの生活では，消費と生産の場が同じでした。一方，現代社会では，消費と生産の場の分離が進んでいます。第2は，家計と企業が一致しているか，分離しているかです。ロビンソン・クルーソー自身は，家計であり，企業でした。

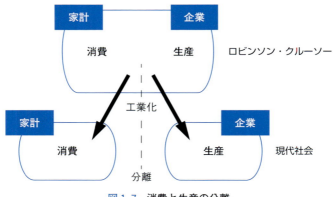

図1.7　消費と生産の分離

　私たち家計は，衣食住をはじめとした財・サービスの消費を，主に自宅で行っています。外食や旅行の宿泊，理容や美容などのサービスは，自宅外での消費ですが，それでも主な消費は自宅内で行います。

　企業は，実物資本や労働を用いて財・サービスを生産しています。生産の場といえば工場ですが，工場だけでは企業は活動できません。本社や支店，販売店といった場もまた，企業の主要な部分です。

　現代社会においては，家計が消費する場と，家計が労働に従事する場が，物理的に分離している形態が多くみられるようになっています。一般的なイメージとしては，電車や車に乗って会社や工場に向かう労働者を思い浮かべればよいでしょう。

　ほとんどの労働者は，自宅と会社や工場が物理的に離れており，家計による財・サービスの消費の場は，企業による財・サービスの生産の場と分離しています。物理的に分離していることから，企業と家計の役割も分離し，消費と生産の場もまた，分離することになります。

　消費と生産の場が分離するのは，産業革命による工業化がきっかけです。先

進国における経済は，農林水産業をはじめとする第一次産業から始まり，産業革命を経て，工業をはじめとする第二次産業が発展しました。その後，サービス産業を主とする第三次産業が発展し，現代に至っています。第二次産業と第三次産業の登場は，消費と生産の場を分離させました。

　現実の人間の歴史を考えても，家計と企業の役割は，最初から分離していたわけではありません。狩猟生活をしていた原始時代の人間は，自給自足のために，季節ごとの獲物を追うことで，集落を移動させていました。狩猟を一種の生産活動であると考えれば，当初の経済においては，消費と生産の場が一致し，家計の機能と企業の機能もまた一致していました。

　とはいえ，現代社会においても，農家や自営業の場合は，消費と生産が同じ場で行われることがあります。たとえば，米農家が自ら生産した米を自ら消費する場合です。ただし，そういった米農家でも，米の消費だけでは生活できないため，肉や野菜や魚はスーパーマーケットなどから調達しているはずです。完全な自給自足の事例を，現代の経済で見つけることは困難でしょう。米農家は生産した米を売り，野菜や肉を入手して，消費しています。

　したがって，一見，消費と生産の場が同じにみえる米農家にも，生産する企業の側面と，消費する家計の側面が存在します。同じ農家においても，消費と生産の役割を分離することはできるはずです。自営業も同様です。ある商店街に店を構えている八百屋さんは，1階は店舗ですが，2階は自宅だとします。この場合，1階は企業であり，2階は家計となります。

　このようにして，<u>消費と生産の場，さらには役割を分離することで，家計と企業という**経済主体**に分けて考えることができます。</u>

● 家計は実物資本も企業に提供している

　家計は主に消費を行う経済主体ですが，それと同時に，企業に対して労働を提供する経済主体でもあります。サラリーマンならば，自宅を出て，電車や車に乗って会社や工場などで働くイメージです。

　労働については，家計が企業に提供している生産要素のイメージが分かりやすいのですが，いま一つの生産要素である実物資本はどうでしょうか。実のところ，実物資本も家計が所有し，家計が企業に提供していると，経済学では考えます。この意味で家計は資本の所有者です。以下では，その理由について考

えてみましょう。

　サンドウィッチを生産する企業を設立する状況を考えてみます。この企業が活動するには，土地をはじめ，工場や機械，コンピューターなどの生産要素としての実物資本が必要です。これらの土地や実物資本をそろえるには，資金が必要です。

　企業を設立したい人の資金が十分でなければ，他者や金融機関から出資を募ることになります。運良く出資者が集まり，資金調達の目処が立てば，生産に必要な土地と実物資本をそろえることができます。図 1.8 をご覧ください。

図 1.8　家計による企業への実物資本の提供

　出資者自身が経営者である場合もあれば，出資者と経営者が別人の場合もあります。比較的規模の小さな企業であれば，出資者が経営者であることも多くあります。株式会社ならば出資者は株主です。株主は，企業の株券を購入することで，企業に資金を提供します。企業は，株式を発行することでも，実物資本をそろえるための資金を調達できます。

　この企業は出資者や株主などから資金を受けて，土地，工場や機械，コンピューターなどの実物資本がそろったとしましょう。実物資本をそろえるために集めた資金のことを，「資本金」とよぶことは，まったくの偶然ではありません。その後，従業員を雇うなど，生産要素である労働を家計から調達すれば，サンドウィッチを生産できます。

　さて，以上の物語において登場した，生産の要ともいえる実物資本は，どこからもたらされていたでしょうか。もしくは，誰がもたらしたでしょうか。確認をしてみると，企業を設立したい人の資金，他者や金融機関の資金，株主の資金を集め，実物資本に転換されていたことがわかります。

　このなかで，企業を設立したい人，他者，株主は，明らかに家計です。つま

り，家計が貯蓄をつかって企業に実物資本を提供していることがわかります。では，残る金融機関はどうでしょうか。金融機関が企業に出資したり，株主になったりすることは，よくあることです。

> **コラム1.2　企業の財務諸表にみる実物資本**
>
> 　企業の財務諸表を見たことがありますか。財務諸表とは，企業の経営状態を把握するために作成される書類です。代表的な財務諸表に貸借対照表と損益計算書があります。3月末に決算を迎える企業ならば，3月末時点の貸借対照表が作成されます。
>
> 　貸借対照表では，決算時点で，企業がもっている資産，負債，資本の価値を一覧表にします。下記に，ある企業の貸借対照表のひな形が示されています。左側（借方）に資産の価値，右側（貸方）に負債と資本の価値を計上し，負債と資本の価値の合計は資産の価値に等しくなります。
>
> **ある企業の貸借対照表のひな形**
>
> | 資産 | XXX | 負債 | XXX |
> |---|---|---|---|
> | 　土地 | xx | 　借入金 | xx |
> | 　建物 | xx | 資本 | XXX |
> | 　機械 | xx | 　資本金 | xx |
> | 合計 | XXX | 合計 | XXX |
>
> 　生産要素である土地，建物や機械などの有形または無形の実物資本の価値は，貸借対照表の資産に計上されます。これらの生産要素が，どのようにして取得されたかは，貸借対照表の右側を見ればわかります。すなわち借入金や資本金です。資本金とは，出資や株式発行によって調達した資金です。
>
> 　ところで，いま一つの重要な生産要素である労働は，貸借対照表には掲載されません。出資者や株主は労働者を保有していないからです。家計は，労働を企業に提供していますが，一時的に貸しているに過ぎず，労働の所有者は家計であるということです。現代社会は奴隷制を否定しているのです。
>
> 　大学や専門学校などで簿記を学ぶ方々も多いと思いますが，経済と会計の世界をつなげて理解するようにすれば，「経済学的な考え方」はいっそう深まります。

銀行や保険会社などの金融機関も企業なので，一見，企業（金融機関）が企業（ここではサンドウィッチ企業）に実物資本を提供しているようにみえます。しかし，金融機関がもつ資金は，もともとは家計の貯蓄から集めた資金です。

家計は預貯金を銀行に預け，保険会社には保険料を拠出しています。その資金が，金融機関の出資により，企業の出資金や株式を構成し，生産要素としての実物資本になります。家計は企業に対して直接的に出資したり株主になったりすることもあれば，金融機関を通して間接的に家計の資金が企業への出資や株式となっています。

以上をまとめれば，<u>生産要素である実物資本は，いま一つの生産要素である労働と同様に，家計が企業に対して提供していると考えることができます。</u>ただし，労働と実物資本のどちらを多く提供しているかは，個々の家計によって異なるでしょう。

資産や貯蓄を多く保有し，労働をほとんど提供しなくても生活ができる家計は**資本家**であり，労働を主に提供する家計は**労働者**です。ほとんどの場合，労働者よりも資本家のほうが，所得を多く得ることになり，格差が生じます。

歴史的には，資本家と労働者は対立してきました。格差が大きな社会では，資本家と労働者が分離します。格差が小さな社会では，誰もが資本家で誰もが労働者になります。この点は深入りしませんが，労働と実物資本を家計が提供していることのイメージをもってください。

復習
(1) 家計は□□□・サービスを消費して経済的欲求を満たしている。
(2) 資源は物的資源と人的資源に分けられ，□□□財の生産に活用される。
(3) 希少性をもつ財が□□□財であり，希少性をもたない□□□財もある。
(4) 生産要素である土地，□□□，□□□を投入して生産が行われる。
(5) 消費を行う経済主体は□□□であり，生産を行う経済主体は□□□である。

レクチャー **1.3** 効率的な生産とは

● 生産の効率性をいかに高めるか

さて，これまでは，労働 L と実物資本 K を用いて，1つの財・サービスを

生産する企業を考えていました。とはいえ，現実の企業をみてみると，生産される財・サービスが，必ずしも1種類とは限りません。

たとえば，あるパン企業では，サンドウィッチ Y と調理パン X を同時に生産しているとしましょう。すなわち，

　実物資本 K の増加→生産量 X と生産量 Y の増加
　実物資本 L の増加→生産量 X と生産量 Y の増加

といった関係があるとします。図1.9をご覧ください。1つの生産過程から2つ以上の財・サービスが生産されることを**結合生産**といいますが，多くの企業においては，単に1種類の財・サービスを生産するよりも，多種類の財・サービスを生産する形態が多くみられると考えられます。

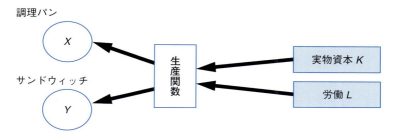

図1.9　結合生産のイメージ

このとき，このパン企業の経営者は，先に登場したサンドウィッチ企業の経営者よりも，高度な経営センスをもって，企業を経営しなければなりません。たとえば，サンドウィッチと調理パンの生産過程では，どの部分を同じ機械で生産し，どの部分を別の機械で生産すべきか，それらによって効率的に生産が行われるかについて考えなければなりません。また，それぞれの機械を動かす労働者についても，誰をどのぐらい雇うべきかを考えなければなりません。

もし，このパン企業が，サンドウィッチ Y と調理パン X に加えて，ドーナツ Z のような3つの財を同時に生産する結合生産を行っているならば，経営者がもつべき経営センスは，より高度になるでしょう。

しかしながら，生産する財がたとえ3つに増えたとしても，サンドウィッチ X と調理パン Y のように，ひとまず2つの財の生産をどのように効率的にで

きるかを考えることが、経営者のセンスとして重要です。すなわち、ドーナツ Z の生産は現状のまま一定として、それ以外のサンドウィッチ X と調理パン Y の生産の効率性の改善について考えるわけです。

その理由はこうです。まず、サンドウィッチ X と調理パン Y の生産の効率性を高めることができれば、次にサンドウィッチ X とドーナツ Z の生産の効率性を高めます。それができたら、調理パン Y とドーナツ Z の生産の効率性を高めます。このプロセスを経れば、3 つの財の生産の効率性を高めることができます。

したがって、複数の財の生産が行われているとしても、そのなかから 2 つの財を取り上げ、生産の効率性の向上を繰り返すことで、全体の生産の効率性を高めることができます。

このように、2 つの財・サービスや生産要素を取り出し、それ以外の財・サービスや生産要素の動きは所与（すなわち動かないと考える）として、資源配分の効率性を検討する方法は、経済学ではとても重要な考え方です。

● マクロの生産という考え方

これまではサンドウィッチ企業やパン企業のように、個々の企業の生産について考えていました。この視点は、ミクロ（微視的）経済からみた企業であり、これまで登場した生産関数はミクロ経済の生産関数です。これに対して、1 国全体のマクロ（巨視的）経済から生産を考えるアプローチがあります。

マクロ経済で生産をとらえる方法では、個々の企業の生産技術や、生産する財・サービス、利用する生産要素を、たとえば 1 国全体で集計します。1 国全体の生産技術のもとで、1 国全体で利用可能な生産要素を集計した実物資本 K（以下、資本 K）および労働 L を用いて、1 国全体で集計した財・サービス Y を生産すると考えます。1 国のなかに、あたかも 1 つの企業が存在すると考えるのです。

$$Y = F(K, L)$$

これがマクロの生産関数です。ここからは、マクロの生産関数のもとで、1 国全体の生産について検討します。これまでは、ある 1 つの企業の経営者の視点で考えてきましたが、以下では 1 国の経済の舵取りを任される「慈悲深い統

治者」の視点で，資源配分の効率性を考えることになります。

「慈悲深い統治者」は現代の日本でいえば総理大臣に相当しますが，もっと権限の強い統治者のイメージです。彼／彼女は「慈悲深い」だけに，私利私欲を追求する暴君ではありません。そのため，国が豊かになることをもっとも大切に考えるのです。ここで国の豊かさとは，ひとまずはマクロ経済の生産量を最大にして，国民が最大に消費できる環境を整えることとします。

ギリシャの哲学者プラトンは『国家』において，哲人王こそが理想の国家君主であるとしました。哲人王が現実的かどうかはさておき，プラトンが考えた理想的で「慈悲深い統治者」を想定して，どのように国を豊かにするかを検討します。

いま，P国という架空の国があるとします。P国に存在する労働と資本を使い，野菜と自動車が生産されています。問題を簡単にするために，野菜と自動車以外の財・サービスは生産されていないとします。

労働と資本のうち，労働を主に投入することで生産される財が野菜です。野菜は**労働集約型産業**の象徴であり，ここでは農業を想定しています。一方，資本を主に投入することで生産される財が自動車です。自動車は**資本集約型産業**の象徴であり，ここでは工業を想定しています。

P国の統治者は，自由に労働と資本の生産要素の組み合わせを選ぶことができるとします。統治者は，どの野菜畑にどのぐらいの労働と資本を，どの自動車工場にどのぐらいの労働と資本を，生産要素として割り当てるかを決めて実行できます。

1国の資源を自由に配分できる統治者を**社会計画者**とよびましょう。社会計画者は，生産要素の組み合わせを選ぶことで，野菜と自動車の生産量を決めることができます。とはいえ，生産要素の希少性によって，P国の労働と資本には限りがあります。そのため，無限に野菜と自動車を生産できません。

表 1.1 には，P国にある生産要素を最大限に活用した場合に，ある1年間に生産可能な野菜と自動車の生産量の組み合わせ（状態 $A \sim G$）が示されています。生産要素を最大限に活用した場合なので，労働も資本も無駄がなく生産に活用されている状態であることに注意してください。

状態 A では，P国の生産要素を可能な限り投入して，100トンの野菜を生産できますが，自動車はまったく生産できません。状態 $B \sim F$ では野菜と自動

表1.1 P国で1年間に生産可能な野菜と自動車の生産量の組み合わせ

状態	A	B	C	D	E	F	G
野菜（トン）	100	96	88	76	60	40	0
自動車（台）	0	10	20	30	40	50	60
機会費用（野菜：トン）		4	8	12	16	20	40

車の双方を生産していますが，自動車の生産量が増えるほど，野菜の生産量が減ってゆきます。最後に状態 G は，すべての生産要素を投入して，60台の自動車を生産できますが，野菜は生産できません。

注意すべきは，表1.1には，1年間という区切られた時間内で生産できる数量が示されていることです。もし，5年という時間があれば，労働者数の増加や，工場や機械などの実物資本が増えることで，それぞれの生産量も増えるかもしれません。しかし，表1.1の想定は1年間という短期間であり，生産要素の増加は考えていません。生産要素が増加する場合については，後に考えます。

● **機会費用は増加する**

表1.1によれば，どちらか一方の財・サービスの生産量を増やそうとすれば，他方の生産量を減らさなくてはならないことがわかります。背景には，生産要素の希少性があります。たとえば，状態 A から自動車を10台だけ追加生産して状態 B に変わるとき，野菜の生産量は4トン（＝100－96）だけ諦めなければなりません。

状態 A から状態 B への変化では，自動車を10台追加生産するために，野菜を4トン生産できる生産要素をあきらめ，その生産要素を自動車の生産に活用したわけです。生産要素は有限であるため，野菜と自動車の双方の生産量を増やすことはできません。そのため，自動車の生産量を増やすなら，その分の生産要素を振り分けるために，野菜の生産量を減らさねばなりません。

このように，一方をとることでもう一方を失うこと（**二律背反：トレード・オフ**）を，経済学では**機会費用**という考え方でとらえます。機会費用とは，「あることを行うことで，他のことをどれだけ犠牲にするか」という概念です。費用といえば，一般的には金銭的に発生する費用を考えがちですが，経済学で登

場する機会費用はより広い概念です。

たとえば，ある人が自宅で1時間だけ昼寝をしたとします。このとき，金銭的な費用は発生していませんが，機会費用は生じています。この人が時給900円のアルバイトをしているなら，昼寝をしなければ900円の収入を得ることができたはずです。したがって，昼寝を選択することで，900円を犠牲にしたことになり，昼寝の機会費用は900円になります。

または，昼寝ではなく試験勉強を1時間することで，ひょっとすると翌日のテストの点数を10点引き上げることができたかもしれません。もしそうなら，この人の昼寝の選択は，テスト10点分を犠牲にしたことになり，昼寝の機会費用は10点となります。

すなわち，<u>昼寝のように何も選んでいないような選択でも，他の選択が行われる可能性を考え，その場合に得られたはずの収入や点数などが，昼寝の機会費用になります。</u>機会費用の概念は，経済学の独特の考え方です。この考え方に慣れることが，経済学に慣れる大切な一歩です。

さて，野菜と自動車の組み合わせに戻りましょう。表1.1によれば，自動車の生産量を0台から10台に増やす，すなわち状態 A から状態 B へ移る場合の機会費用は，野菜の数量で測れば4トンです。表1.1の下段には，野菜の生産量で測った機会費用が示されています。ここでわかるように，機会費用は一定ではありません。

状態 B から状態 C への機会費用は8トン（＝96−88），状態 C から状態 D への機会費用は12トン（＝88−76），状態 D から状態 E への機会費用は16トン（＝76−60）となります。状態 B から状態 C，状態 C から状態 D，状態 D から状態 E も，自動車の生産量を等しく10台増やしているだけなのに，野菜の生産量で測った機会費用は増えてゆきます（8トン→12トン→16トン）。なぜ，機会費用は増えてゆくのでしょうか。

機会費用が増加する背景には，野菜が主として労働によって生産される労働集約的な財であり，自動車が主として機械によって生産される資本集約的な財であることが関連しています。状態 A から状態 G へ向かうほど，野菜から自動車に生産がシフトし，生産要素も野菜から自動車の生産に移ります。しかし，これまで野菜を生産していた労働（たとえば農家）が，自動車の生産にすぐ対応することは困難です。いわば，野菜農家を，自動車工場のラインで働く従業

員に転職させるような状況です。

状態 A から状態 B への変化では，野菜を生産していた労働のうち，自動車の生産に向いている労働を優先的に選ぶことができるために，機会費用は小さくてすみます。しかし，状態 F から状態 G の変化に至っては，本来は野菜の生産に向いている労働（たとえば専業農家）を自動車の生産にすべて向かわせる必要があります。そのために，<u>自動車の生産を増やすほど，多くの野菜の生産をあきらめなければならず，機会費用は増加するのです。</u>

時間が経過すれば，元野菜農家も自動車の生産に慣れるかもしれません。しかし，ここでの想定は 1 年間という短期間であり，職業訓練の効果も限られています。そのために，自動車の生産の増加は，野菜で測った機会費用を増やすのです。

● 資源配分の効率性と生産可能性曲線

図 1.10 では，縦軸に野菜の生産量（トン），横軸に自動車の生産量（台）をとり，表 1.1 の状態 A〜G を A〜G 点で示しています。曲線 $ABCDEFG$ は，P 国の生産技術と生産要素を最大限活用して生産した場合の野菜と自動車の生産量の組み合わせです。この曲線は**生産可能性曲線**とよびます。

原点 O と生産可能性曲線 $ABCDEFG$ に囲われた内部の扇形の領域 $OABCDEFG$ が**生産可能性集合**であり，P 国の生産技術と生産要素によって生産できる野菜と自動車の生産量の組み合わせです。社会計画者は，生産可能性集合の内部にある生産量の組み合わせを選択できます。ただし，生産可能性曲線の外部にある J 点の生産量の組み合わせは，現時点の P 国の生産技術と生産要素のもとでは生産できません。

生産可能性曲線の曲線上にある A 点から G 点に移動するほど，自動車の生産量は増えますが，野菜の生産量は減ってゆきます。その際，機会費用が増加していることを確認してください。野菜の生産量で測った機会費用は，A 点〜G 点の縦軸の変化で表現できています。

たとえば，A 点から B 点に移動するとき，野菜の生産量は 4 トン（＝100−96）減少します。B 点から C 点への移動では 8 トン（＝96−88）減少です。C 点から D 点への移動では 12 トン（＝88−76）減少です。野菜の生産量で測った機会費用が増えてゆくのがわかります。

レクチャー1.3 効率的な生産とは

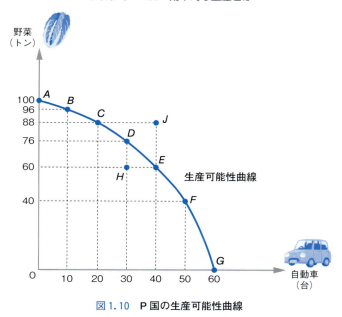

図1.10　P国の生産可能性曲線

　さて，自動車30台で野菜60トンのH点は，生産可能性曲線の内部（生産可能性集合）の領域にある生産量の組み合わせなので，P国で生産可能です。しかし，野菜の生産量（60トン）を維持したまま自動車の生産量を増やしてE点へ（30台→40台），もしくは，自動車の生産量（30台）を維持したまま野菜の生産量を増やしてD点へ（60トン→76トン）移動できれば，財・サービスをより多く生産できます。このとき，資源配分の効率性は改善します。

　生産可能性曲線の曲線上の数量の組み合わせA〜G点は，P国の生産技術と生産要素を最大限に活用しているという意味で，資源配分の効率性のもっとも高い生産が実現しています。したがって，P国においては，生産可能性曲線上のA〜G点のような野菜と自動車の数量の組み合わせが実現するように，生産要素である資本や労働の振り分けを行うことが，資源配分の効率性の視点から重要になります。

　有限で希少な生産要素のもとで，財・サービスをより多く生産できれば，家計はより多くの消費ができ，人間をより満足させることができます。H点をD点やE点にもってゆくことは，資源配分の効率性の観点から望ましいのです。

H 点においてトレード・オフは存在せず，機会費用もありません。H 点では，「あることを行うことで，他のことをどれだけ犠牲にするか」が成立しません。H 点を生産可能性曲線上にある D 点や E 点にもってゆけば，野菜と自動車の生産量を増やすことができるからです。

生産可能性曲線の内部にある H 点のような組み合わせでは，生産技術と生産要素を最大限活用できていないという意味で，非効率な資源配分での生産が行われています。このような場合，H 点のような経済には，次のような非効率性が存在していると考えられます。

第1に，失業者がいるなど，生産要素である労働が最大限に活用されていない状況です。失業者とは，働く意欲があるにも関わらず，働くことができない人のことです。第2に，労働者が仕事をさぼる，機械や道具の使い方を知らないなど，その活用方法に非効率性や無駄がある可能性が考えられます。第3に，稼働していない工場や機械など，遊休設備があれば，生産要素である資本が最大限に活用されていないことになります。第4に，生産に活用できる生産技術が最大限に活用できていない状況です。

<u>人間の経済的欲求を少しでも満たすためには，生産技術と生産要素を無駄なく活用するように資源配分を効率化し，より多くの財・サービスの数量を生産するべきです。</u>そのためには，生産可能性曲線の曲線上の組み合わせが実現しなければなりません。

● 効率的な資源配分は達成できるのか

ところで，図1.10 の生産可能性曲線の内部にある H 点のような非効率な生産が行われている場合に，経済は自動的に D 点や E 点のような効率的な生産に向かうことはできるのでしょうか。P国において，資源配分における非効率性が存在するとき，どのように対応すれば，効率性は改善するのでしょうか。

失業者がいれば，その失業者が働くことができるようにする。遊休設備の実物資本があれば，その実物資本が稼働するようにする。このように資源配分を効率化するには，どうすればよいのでしょうか。

社会計画者が非効率性に気づけば，効率性を改善できるかもしれません。しかし，社会計画者が，1国の経済のすべての状況を把握することは，とても困難だと考えられます。国の規模が大きくなるほど，情報を収集することは難し

レクチャー1.3　効率的な生産とは

くなり，社会計画者による効率的な資源配分は限界になるでしょう。

　それでは，社会計画者がいなくても，経済は自動的に効率的な生産を実現できる生産技術の活用と生産要素の組み合わせを実現できるのでしょうか。もし，経済そのものが，資源配分の効率性を自律的に改善する仕組みを備えているならば，社会計画者が指図して，失業者や遊休設備を解消する必要はありません。

　実は，この答えを知るには，本書をもう少し読み進めなければなりません。とはいえ現時点では，暫定的に次のような回答を与えておきましょう。すなわち<u>経済には，一定の条件のもとでは，資源配分の効率性を自律的に高める仕組みが備わっており，資源配分の非効率性は，時間をかければ自然に解消される方向に向かうのです</u>。

　この点はとても重要です。誰かが何も指示しなくても，十分な時間があれば，失業者は働くようになり，遊休設備は稼働するようになるメカニズムが，経済には備わっています。このメカニズムは経済学の重要な論点です。

　さて，生産における資源配分の効率性とは，生産可能性曲線上の生産量を最大にすることでした。図1.10 の生産可能性曲線の曲線上にある A〜G 点は，確かに生産は効率的です。このような効率的な生産量の組み合わせは，曲線 AG のなかに無限に存在します。

　しかし，この時点では，いま一つの重要な経済活動である消費はまだ行われていません。無限にある効率的な生産量の組み合わせのなかで，家計は1つの組み合わせを選びます。たとえば，図1.10 の C 点（野菜88トン，自動車20台）のような組み合わせを1つ，家計が選択することになります。

　家計は，無限にある組み合わせのなかで，どのようにして選択するのでしょうか。C 点（野菜88トン，自動車20台）と A 点（野菜100トン，自動車0台）の組み合わせは，どちらも生産の効率性は最大です。しかし，家計にとって望ましいのは，C 点であるように思われます。

　なぜなら，C 点は野菜も自動車も消費できるのに対して，A 点は野菜しか消費できず，自動車は消費できません。G 点（野菜0トン，自動車60台）も同様です。A 点や G 点のように，野菜のみ，または自動車のみの生産がなされ，他国との貿易がないならば，P国の家計は野菜のみ，もしくは自動車のみしか消費できません。そのような場合，P国の家計は満足するのでしょうか。

　生産可能性曲線の曲線上で効率的な生産が行われるとしても，P国の家計が

満足するような野菜と自動車の消費量の組み合わせが,自動的に実現する保証はあるのでしょうか。企業の生産量の組み合わせが,家計の消費の組み合わせに一致し,それが家計をできるだけ満足させることができるかどうか,そのような組み合わせが自動的に達成できるのか,ということです。

この点についても,本書を読み進めることで分かるようになりますが,ここで簡単に回答しておきましょう。すなわち経済には,<u>一定の条件のもとでは,家計ができるだけ満足する消費量の組み合わせを,企業は生産の組み合わせとして実現する状態が,自然に実現するメカニズムが存在します</u>。

経済学では,究極的には人間の経済的欲求,すなわち家計の消費が重要です。<u>生産と消費に関し,社会計画者がいなくても,経済が資源配分の効率性を自動的に達成できるかどうかが,経済学では重要な問題になります</u>。

レクチャー 1.4 経済成長と資本蓄積

● 生産可能性曲線の外側シフト

先の図 1.10 において,生産可能性曲線の外部に位置する J 点の野菜と自動車の生産量の組み合わせは,P 国の生産技術と生産要素では生産できませんでした。しかし,P 国の生産可能性曲線が何らかの要因で外側にシフトすれば,J 点のような生産量の組み合わせも生産できるようになります。

図 1.11 には,図 1.10 の生産可能性曲線がシフトした様子が描かれています。生産可能性曲線が曲線 $ABCDEFG$ から曲線 IJK に外側へシフトすれば,J 点が新たな生産可能性集合の内部の領域に含まれるようになるために,J 点のような生産量の組み合わせも生産できるようになります。

このような生産可能性曲線の外側シフトは,P 国の経済にとって一般的には望ましいことです。なぜなら,生産要素を活用して生産できる財・サービスの数量が,シフト前よりも増えるからです。もし,P 国の人口が一定であれば,生産可能性曲線の外側シフトは,1 人当たり消費の増加を期待でき,人々の経済的欲求を満たせます。

ただし,生産可能性曲線のシフトには,一定の時間が必要だと考えられます。実のところ,図 1.10 で想定されていた時間は「短期」でした。一方,図 1.11 では,生産可能性曲線がシフトできるほどの「長期」を想定しています。

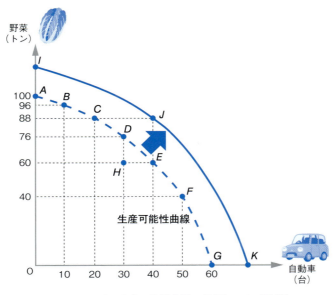

図 1.11 P 国の生産可能性曲線の外側シフト（長期）

なお、「短期」が 1 カ月なのか 1 年なのか、「長期」が 5 年なのか 10 年なのか、といった明確な時間の長さを、ここでは考えていません。生産可能性曲線がシフトできない期間を「短期」とし、シフトできるほどの十分な期間を「長期」として、時間を概念的にとらえています。

この意味での「長期」を前提として、生産可能性曲線の外側シフトは、どのような要因で生じるのでしょうか。主な要因の第 1 は生産技術が向上すること、第 2 は生産に活用できる生産要素が増加することです。これらがもたらす生産可能性曲線の外側シフトは、（プラスの）**経済成長**とよばれます。

まず、第 1 の生産技術の向上、すなわち**技術進歩**について考えましょう。第 2 次世界大戦後の日本の 1950 年代、「三種の神器」とは、白黒テレビ、洗濯機、冷蔵庫でした。1960 年代の「新・三種の神器」は、カラーテレビ、クーラー、自動車でした。現代ならば、携帯電話・スマートフォンやコンピューターです。これらの工業製品の登場は、私たちの生活を便利にしました。

いま、マクロの生産関数 G が、技術進歩 A、資本 K、労働 L によって生産量 Y を産出すると考えれば、次のようになります。

$Y = G(A, K, L)$　　　A の増加→Y の増加

したがって，技術進歩 A の増加によって，生産量 Y が増える関係が示されます。このように，技術進歩は経済成長をもたらします。

そして，生産可能性曲線の外側シフトの第2の要因である生産要素の増加についてです。まず，天然資源の発掘など，労働と資本とは異なる経済的資源が発見された場合が考えられます。たとえば，燃料となる資源が発見され，その資源を活用できる技術が確立できたケースが該当します。

ここでも，生産関数 H が，利用可能な資源 N，資本 K，労働 L によって生産量 Y を産出すると考えることができます。

$Y = H(N, K, L)$　　　N の増加→Y の増加

したがって，資源 N の増加により，生産量 Y が増え，経済成長が実現します。

続いて，労働 L の増加が考えられます。たとえば人口が増えれば労働者が増え，労働が増加します。日本は1945年に第2次世界大戦が終了した後，1947年から1949年に「団塊の世代」（第1次ベビーブーム世代）が誕生し，人口が急激に増加しました。さらに，教育による労働の質の向上も重要です。労働の量の増加と質の向上は，その後の日本の経済成長の一要因になったと考えられます。

最後に，資本 K の増加が考えられます。特に，工場や機械といった実物資本は，企業の**設備投資**によって増加します。設備投資については，後に詳しく考察しますが，日本の高度経済成長期（1950年代〜1970年代）は，設備投資が旺盛になされました。

● **生産可能性曲線の内側シフト**

生産可能性曲線の外側へのシフトは望ましいですが，外側シフトだけが起こるとは限りません。生産可能性曲線は，内側にもシフトする可能性があります。内側シフトは生産量を減少させるため，経済にとっては一般的に望ましくありません。P国の人口が一定ならば，1人当たり消費が減少するからです。

経済成長はプラスになることもあれば，マイナスになることもあります。生産可能性曲線の外側シフトはプラスの経済成長ですが，内側シフトはマイナス

の経済成長です。なお、経済成長には様々な側面がありますが、ここでは、経済成長を経済の生産能力の変化としてとらえています。

このとき、生産可能性曲線の内側シフトとは、どのようにして生じるのでしょうか。主な要因の第1は生産技術が劣化することと、第2は生産に活用できる生産要素が減少することです。

まず、第1の要因である生産技術の劣化について考えます。たとえば、ある技術者しか持ち得ない生産技術があるとしましょう。もし、その技術が後進にうまく伝えられず、この技術者が生産の現場から引退してしまうと、その技術は使えなくなってしまい、生産技術は劣化します。日本でも、企業がもつ高度な生産技術をどのように継承するかは、重要な課題になっています。

続いて、第2の要因である生産要素の減少について考えます。まず、労働の減少が該当します。日本では、すでに総人口が減少局面に入っており、労働者人口もまた減ってゆきます。そのため、労働の数量も減少する傾向にあります。

また、資本の減少も考えられます。たとえば実物資本である機械は、時間の経過とともに、生産能力が低下するでしょう。古い機械は陳腐化します。機械は使うほどに摩耗し、機能が低下して性能が劣化します。これらを**資本減耗**といいます。なお、地震などの自然災害、戦争や暴動により、工場の設備が破壊されるならば、生産技術が消滅する危険性があることはもちろん、実物資本や労働者も数量的に減少します。

以上のような要因がもたらすマイナスの経済成長は、経済にとって望ましいことではありません。これを防ぐには、いくつかのアイディアがあります。

人口減少によって労働者数が減るとしても、労働者一人ひとりの知恵やスキルが向上すれば、労働者数の減少による生産能力の低下をカバーできるかもしれません。積極的な移民の受け入れ政策も一つのアイディアです。地震などの自然災害については、工場などの実物資本を分散させることが考えられます。また、工場や機械などの実物資本の性能の低下については、新しい資本を導入することが重要になります。

● **投資による生産能力の向上**

企業は、工場を拡張する、新しい機械を導入するなど、設備投資を行って資本を補充し、生産量を増やそうとします。一般に投資とは、株式や投資信託な

どの金融商品を購入することを指すことが多いですが,設備投資と金融商品への投資は区別するべきです。**投資**は,どちらの意味にも使うことができる言葉なので注意が必要です。ここでの投資は,物的資源である実物資本を増やす設備投資を意味します。

<u>時間が経過すると,資本減耗により,実物資本は生産要素としての力を徐々に失います。資本減耗は避けられないため,生産能力を維持する,もしくは向上させるには,投資を行わなければなりません。</u>

たとえばP国における2020年3月末時点の資本の価値が1,000,2020年4月1日から2021年3月31日までに実施される投資が130,この期間中の資本減耗が30だとしましょう。このとき,これらの資本と投資には,次のような関係があります。

2021年3月末時点の資本 1,100
　＝2020年3月末時点の資本 1,000－資本減耗 30＋投資 130

すなわち,2021年3月末時点の資本の価値が1,100として計算できます。資本減耗が30だけありますが,投資が130だけ実施されていますので,資本の価値は100だけ増加しています。<u>投資による実物資本の増加は**資本蓄積**とよびます。</u>この場合,資本蓄積によって生産能力は高まりました。

これを記号におきかえてゆきます。P国における2020年3月末時点の資本の価値を$K_{2020.3}$,2021年3月末時点の資本の価値を$K_{2021.3}$,2020年4月1日から2021年3月31日まで(2020年度)に実施される投資をI_{2020}とします。

ここで資本減耗率$\delta=3\%$と仮定します。これは,実物資本の価値の一定割合が,時間の経過とともに減耗する状況を表現しています。いまの例ならば,2020年3月末時点の資本の価値$K_{2020.3}$が1,000なので,その3%部分に相当する30が資本減耗となります。

これらを考えれば,先に示した資本と投資の関係は,次のようになります。

$$K_{2021.3}=K_{2020.3}-\delta K_{2020.3}+I_{2020}$$

2020年度＝t年,2021年度＝$t+1$年とすれば,一般的な資本蓄積の関係式を以下のように示すことができます。**図1.12**には,資本蓄積のイメージを示していますので,合わせてご覧ください。

$$K_{t+1} = K_t - \delta K_t + I_{t+1} = (1-\delta)K_t + I_{t+1} \tag{1}$$

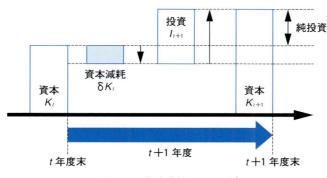

図 1.12　資本蓄積のイメージ

なお，実物資本のように，ある時点で貯蔵されている数量や価値を**ストック**といいます。生産要素である土地や資本はストックでとらえられます。特に資本は**資本ストック**とよぶことも多いです。

いま一つの生産要素である労働は，1 年間のマンアワーのように，一定期間の流れである**フロー**でとらえます。企業は家計から，一定時間の労働を借りることで，フローの生産要素として活用します。企業は，ストックとフローの生産要素を生産技術によって組み合わせ，生産活動を行っているのです。

コラム 1.3　フローとストック

　フローとストックは，経済学ではとても重要な概念ですので，説明を加えておきます。お風呂にお湯を入れているとします。開始時間と終了時間を決め，その間の蛇口から出てくる水量を量るとします。その水量はフローです。一方，蛇口を閉め，現時点でお風呂に溜まっている水量を量ります。その水量はストックです。

　たとえば，家計の貯蓄残高や借金残高はストックです。「12 月末の貯蓄残高」の「残高」という表現はストックであることが明白ですが，単に「貯蓄」というときは，それがストックなのかフローなのか，注意しなければなりません。11 月末の貯蓄残高が 1 万円で，12 月末の貯蓄残高が 3 万円のとき，12 月の 1 カ月間の「貯蓄」は 2 万円です。このときの「貯蓄」はフローであることに注意しましょう。

復習

(1) 2つの財・サービスの生産において，生産可能性曲線上の組み合わせが実現しているならば，資源配分の_____が高い生産が達成されている。

(2) 生産可能性曲線の内部にある生産の組み合わせは，_____や遊休設備の存在など，生産要素の活用方法に非効率性があることで生じる。

(3) 生産可能性曲線の外側シフトによる経済成長は，_____，天然資源の発掘，労働の増加，資本蓄積によって実現する。

(4) 企業は，実物資本のように蓄積する_____の生産要素と労働のようなフローの生産要素を組み合わせ，生産活動を行っている。

練習問題

問題1　消費財の生産と消費

消費と生産は基本的な経済活動であり，一般的には，家計が消費できる財・サービスは，企業によって生産がなされます。生産には資源が必要ですが，人的資源は労働であるとして，物的資源には天然資源のほかに，何があるでしょうか。

ヒント：p.4〜6を読もう！

(1) 耐久消費財　　(2) 消費財
(3) 実物資本　　　(4) 生産財

問題2　経済の基本問題

人間の無限の経済的欲求を受け入れ，経済的欲求を満たす資源をいかにして増やすのか，いかに配分するのかを考える経済の基本問題とは，次のうちどれでしょうか。

ヒント：p.6〜8を読もう！

(1) 資源配分の問題　　(2) 所得分配の問題
(3) 資産配分の問題　　(4) 資源分配の問題

問題3　生産関数と生産要素

インプット（投入）である生産要素をアウトプット（産出）である財・サービスに技術的に変換する技術が生産関数です。生産要素のうち，労働から生産されない本源的生産要素は，次のどれでしょうか。

ヒント：p.9〜11を読もう！

(1) 土地　　(2) 建物
(3) 機械　　(4) 生産財

問題4　消費と生産の分離

ロビンソン・クルーソーの生活と現代の先進国の経済には，同じ点と違う点があり

ます。これらに関する記述で，誤っている文章は次のうちどれでしょうか。

ヒント：p.15～17を読もう！

(1) ロビンソン・クルーソーの生活でも，先進国の経済においても，生産と消費が経済の基本となっており，消費のために生産を行わなければならない。
(2) ロビンソン・クルーソーの生活では，消費と生産の場が分離しているが，先進国の経済においては，消費と生産の場は分離していない。
(3) ロビンソン・クルーソーは，家計であり，企業であった。
(4) 現代の先進国の経済では，消費と生産の役割を分け，家計と企業という経済主体に分けて考えることができる。

問題5　生産可能性曲線

1国のなかで，1年間に野菜と自動車を生産する場合の生産可能性曲線の特徴に関する記述のうち，誤っている文章は次のどれでしょうか。ヒント：p.26～30を読もう！

(1) もっとも効率的な生産が実現しているとき，野菜しか生産していない状況から，自動車の生産を増やすならば，野菜の生産を減らす必要がある。
(2) もっとも効率的な生産が実現しているとき，自動車の生産を増やすことで，野菜の生産をあきらめる機会費用は減少してゆく。
(3) もっとも効率的な生産が実現していないならば，野菜か自動車の生産を増やすことで，より効率的な資源配分を実現できる。
(4) もっとも効率的な生産が実現していても，それがもっとも望ましい消費の組み合わせであるとは限らない。

問題6　経済成長

1国の経済において，経済成長の実現は重要です。経済成長に関する記述のうち，誤っている文章は次のどれでしょうか。ヒント：p.30～32を読もう！

(1) 経済成長は生産可能性曲線の外側シフトによって表現できる。
(2) 経済成長の要因として技術進歩や人口増加がある。
(3) 経済成長の要因には設備投資があるが，設備投資が資本減耗を下回るならば，経済成長は実現しない。
(4) 労働者の知恵やスキルが高まっても，労働者数が減るならば，経済成長は低下する。

問題7　レポート①

第1章の内容を踏まえ，下記をテーマにレポート（1,000字以上）を作成しなさい。

(1) 人間の欲求と資源の希少性にはどのような関係があるのか。「人間の欲求と資源の希少性について」

(2) 消費と生産の関係はどのようになっているのか。「消費と生産の関係について」
(3) 効率的な生産を行うにはどのようにすればよいのか。「効率的な生産について」
(4) 経済成長はどのようにして実現するのか。「経済成長と資本蓄積について」

問題8　レポート②

第1章を読む前と読んだ後を比較して，どのような考えを得ることができたか，「第1章を読んで」をテーマにレポート（1,000字以上）を作成しなさい。

練習問題解答

問題1　正解（3）

問題2　正解（1）

問題3　正解（1）：土地と労働は労働によって生産できない本源的生産要素である。

問題4　正解（2）：ロビンソン・クルーソーの生活では，消費と生産の場は分離していないが，先進国の経済においては，消費と生産の場の分離が進んでいる。

問題5　正解（2）：もっとも効率的な生産が実現しているとき，すなわち生産可能性曲線の曲線上において，一方の生産を増やすことは，他方の生産を減らすことになり，その機会費用は増加する。

問題6　正解（4）：労働者数が減っても，労働者の知恵やスキルが高まるならば，必ずしも経済成長は低下しない。

問題7　正解省略

問題8　正解省略

第2章 市場における交換

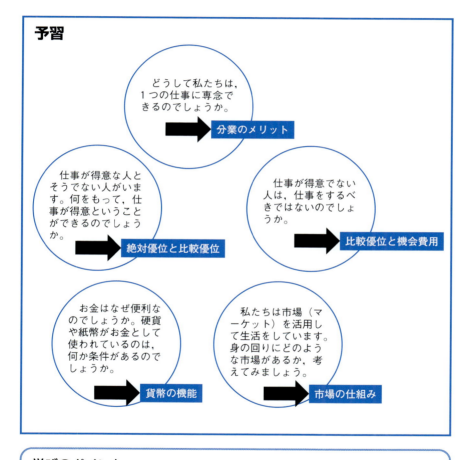

予習

- どうして私たちは，1つの仕事に専念できるのでしょうか。 ➡ 分業のメリット
- 仕事が得意な人とそうでない人がいます。何をもって，仕事が得意ということができるのでしょうか。 ➡ 絶対優位と比較優位
- 仕事が得意でない人は，仕事をするべきではないのでしょうか。 ➡ 比較優位と機会費用
- お金はなぜ便利なのでしょうか。硬貨や紙幣がお金として使われているのは，何か条件があるのでしょうか。 ➡ 貨幣の機能
- 私たちは市場（マーケット）を活用して生活をしています。身の回りにどのような市場があるか，考えてみましょう。 ➡ 市場の仕組み

学びのポイント

1. 分業のメリットについて学ぶ。 ―――― ➡ p.40
2. なぜ交換するのか，そのメリットを知る。 ―――― ➡ p.47
3. 貨幣の様々な機能について学ぶ。 ―――― ➡ p.52
4. 市場の仕組みについて考える。 ―――― ➡ p.59

レクチャー 2.1 分業のメリット

● 分業と特化の意義

現実の経済では,ある人はある仕事をし,別の人はまた別の仕事をするという<u>分業</u>がみられます。<u>分業を行うことで,生産の効率性は飛躍的に高まります。</u>『ロビンソン・クルーソー漂流記』には,途中からフライデーという青年が登場します。2人は魚釣りと農作業を分業することで,食糧の<u>生産量</u>を増やすことができます。

生産の現場における分業の具体例をあげましょう。あるサンドウィッチ企業では,敷地内の工場で6人の労働者が働き,卵サンドウィッチを生産しているとします。

卵サンドウィッチは,次の6段階の作業工程を経て生産されるとします。「①卵をゆでる」「②ゆで卵の殻をむく」「③卵をつぶしてマヨネーズと塩こしょうを混ぜた具材をつくる」「④パンに具材をはさむ」「⑤包丁でパンを切る」「⑥包装して卵サンドウィッチの完成」,以上です。

このとき労働者は,どのような生産方法で働くことが,卵サンドウィッチの生産量を増やす意味で効率的でしょうか。以下では2つの方法を検討します。6段階の作業を行う場所は,図2.1のように固定されているとします。

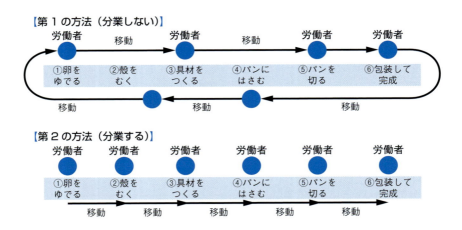

図 2.1 卵サンドウィッチの生産方法

「第1の方法」は，一人ひとりの労働者が①〜⑥のすべての作業工程をこなし，労働者自身が作業場所を移動する方法です。「第2の方法」は，①〜⑥の各段階の工程に労働者を割り当てて場所を固定し，製造途中にある製品を移動させる方法です。

「第1の方法」で労働者はすべての工程を経験しますが，「第2の方法」は1つの工程しか経験しません。「第1の方法」は分業ではありません。一方，「第2の方法」は分業です。

「第1の方法」と「第2の方法」のどちらが多く卵サンドウィッチを生産できるでしょうか。労働者の能力が同じであるならば，「第2の方法」のほうが，「第1の方法」よりも生産量が多くなると考えられます。その理由を考えてみましょう。

「第1の方法」では，労働者の移動に時間がかかると考えられます。「第2の方法」は，製造途中の製品を移動させることで，労働者の移動時間を節約しています。「第2の方法」は，たとえば自動車工場の内部において現実にみられる生産ラインです。自動車工場では，製造途中の自動車が生産ラインを移動し，労働者が組立てを行っています。

「第2の方法」で労働者は，1つの作業工程に集中し，専門的に行うことで，習熟度を高めることができます。知恵を絞って改善を図り，質を維持しつつ，それぞれの作業工程で必要な労働時間を縮めることができるでしょう。ある特定の人が，特定の工程ないし作業を専門的に行うことが**特化**です。特化により，労働者の生産能力が高まり，企業の生産の効率性は向上します。

分業と特化は，卵サンドウィッチの生産現場だけにみられるものではなく，より一般的なものです。たとえば企業では，営業，人事，経理などといった形で，仕事の内容が分けられ，企業の内部で分業と特化がなされています。

分業と特化が高度に発展し，その作業が1つの仕事として認知されるようになれば，専門的な職業が確立してゆきます。たとえば，教員は教育サービスを，シェフは料理を，ピアニストやバイオリニストは音楽サービスを提供します。専門的な職業は，分業と特化を追求していなければ，この世に登場していないことでしょう。

● 労働による生産性の指標

どの人にも,得意な仕事と得意でない仕事があります。どの仕事が得意かどうかの判断は,他者との相対比較が必要であり,自分自身では分からないこともあります。では,得意な仕事はどのように決められるべきでしょうか。

いま,ある企業でP君とQさんが働いています。単純化のために,2人の仕事の成果は同質だと想定します。この企業には,顧客獲得と資料作成の2つの仕事があります。仕事の成果が,顧客獲得件数と資料作成部数で測定でき,これらを生産量だととらえます。

このとき,指標①「顧客を1件獲得する,または資料を1部作成するのに必要な労働時間」または指標②「労働1時間で獲得できる顧客数,または作成できる資料数」が,P君とQさんの労働による生産性を測定する指標になります。表2.1には,P君とQさんの指標①と指標②が示されています。指標①と指標②は,それぞれ**労働投入係数**,**労働生産性**とよばれる考え方です。

表2.1 P君とQさんの労働による生産性の比較

	指標①:労働投入係数		指標②:労働生産性	
	顧客を1件獲得するのに必要な労働時間	資料を1部作成するのに必要な労働時間	労働1時間で獲得できる顧客数	労働1時間で作成できる資料数
P君	3時間	1時間 (絶対優位)	1/3件	1部 (絶対優位)
Qさん	2時間 (絶対優位)	2時間	1/2件 (絶対優位)	1/2部

まずは指標①です。P君は,顧客を1件獲得するのに3時間,資料を1部作成するのに1時間を必要とします。一方,Qさんは,顧客を1件獲得するのに2時間,資料を1部作成するのに2時間を必要とします。

次は指標②です。P君は,1時間の労働で1/3件の顧客を獲得し,1時間の労働で1部の資料を作成できます。Qさんは,1時間の労働で1/2件の顧客を獲得し,1時間の労働で1/2部の資料を作成できます。なお,指標①の逆数が指標②になります。

顧客獲得でも資料作成でも,同じ成果をあげるのに要する労働時間が少ない

ほう（指標①が小さいほう）が，もしくは同じ労働時間でも多くの成果をあげるほう（指標②が大きいほう）が，その仕事が得意だと考えられます。このような考え方にもとづいて仕事の得意または不得意を決めることは，とても合理的で自然です。

● 絶対優位と分業

指標①において，顧客を1件獲得するのに，P君は3時間，Qさんは2時間を必要とします。または，指標②において，1時間の労働で，P君は1/3件，Qさんは1/2件の顧客を獲得します。P君よりもQさんのほうが，顧客獲得の生産性が高いです。このとき，QさんはP君に対して，顧客獲得の**絶対優位**をもつといいます。

一方，指標①において，資料を1部作成するのに，P君は1時間，Qさんは2時間を必要とします。または，指標②において，1時間の労働で，P君は1部，Qさんは1/2部の資料を作成します。QさんよりもP君のほうが，資料作成の生産性が高いです。すなわち，P君はQさんに対して，資料作成の絶対優位をもっています。

ある日，P君とQさんは，それぞれ6時間だけ働いたとしましょう。2人の働き方による成果は，**表 2.2** 上段にまとめています。

表 2.2 分業の有無によるP君とQさんの仕事の成果の違い

		分業しない	絶対優位をもつ仕事で分業する
P君	顧客獲得件数	1件（3時間）	0件（0時間）
	資料作成部数	3部（3時間）	6部（6時間）
Qさん	顧客獲得件数	2件（4時間）	3件（6時間）
	資料作成部数	1部（2時間）	0部（0時間）
合計	顧客獲得件数	3件（7時間）	3件（6時間）
	資料作成部数	4部（5時間）	6部（6時間）

第1に，分業をしないケースを考えます。それぞれ6時間だけ働くので，P君は顧客獲得に3時間，資料作成に3時間を費やしたとします。一方，Qさん

は顧客獲得に4時間，資料作成に2時間を費やしたとします。

このとき，2人の成果である顧客獲得件数と資料作成部数はどうなったでしょうか。P君の成果は顧客獲得件数1件，資料作成部数3部となります。Qさんの成果は顧客獲得件数2件，資料作成部数1部となります。したがって，この日の2人の仕事の成果の合計は，顧客獲得件数3件，資料作成部数4部です。

第2に，それぞれが絶対優位をもつ仕事に特化して，分業を行うケースを考えます。すなわち，P君は資料作成だけに6時間，Qさんは顧客獲得だけに6時間を費やします。このとき，P君の成果は資料作成部数6部，Qさんの成果は顧客獲得件数3件となります。

表2.2下段に仕事の成果の合計が示されています。顧客獲得件数は分業しないケースと分業するケースで同じ3件ですが，資料作成部数は分業しないケースは4部で，分業するケースは6部です。したがって，絶対優位をもつ仕事で分業を行うことで，全体の生産量が増えることがわかりました。

● 比較優位と機会費用

表2.1では，P君は資料作成，Qさんは顧客獲得について，絶対優位をもっていました。その場合は，2人に絶対優位をもつ仕事に分業をしてもらうことで，全体の生産量を増やすことができました（表2.2）。

次は，どの仕事にも絶対優位をもっていない人がいる場合を考えてみます。そのような場合でも，分業が望ましいのでしょうか。表2.3左側には，R君とSさんが，顧客を1件獲得するのに必要な時間，資料を1部作成するのに必要な時間，すなわち表2.1の指標①が示されています。

表2.3 R君とSさんの労働による生産性と機会費用の比較

	顧客を1件獲得するのに必要な時間（指標①）	資料を1部作成するのに必要な時間（指標①）	1件の顧客を獲得するときの機会費用	1部の資料を作成するときの機会費用
R君	2時間（絶対優位）	1時間（絶対優位）	2部	0.5件（比較優位）
Sさん	3時間	3時間	1部（比較優位）	1件

レクチャー2.1 分業のメリット

　顧客を1件獲得するのに，R君は2時間，Sさんは3時間を必要とします。そのため，R君はSさんに対して，顧客獲得の絶対優位をもっています。資料を1部作成するのに，R君は1時間，Sさんは3時間を必要とします。そのため，R君はSさんに対して，資料作成の絶対優位をもっています。

　したがって，R君はSさんに対して，顧客獲得でも資料作成でも，どちらも絶対優位をもっていることになります。このような場合は，R君にすべての仕事を任せるべきでしょうか。そして，Sさんは仕事をするべきではないのでしょうか。それとも，やはり分業するべきなのでしょうか。

　双方の仕事に絶対優位をもつR君ですが，どちらの仕事をするにしても，そこには必ず機会費用があります。機会費用とは，「あることを行うことで，他のことをどれだけ犠牲にするか」という概念でした（第1章 p.24 参照）。

　R君が顧客獲得に時間を費やすならば，その時間は資料作成をあきらめている，犠牲にしている，という意味での機会費用が発生します。そこで，R君の機会費用を測ってみましょう。

　いま，R君が1件の顧客獲得に2時間を費やすとします。もし，その2時間を資料作成に充てることができれば，2部の資料を作成できていたはずです。なぜなら，R君は1時間で1部の資料を作成できるからです。このとき，R君が1件の顧客を獲得する機会費用は，資料作成部数で測るならば2部（＝2部/1件）となります。

　また，R君は1部の資料作成に1時間を費やします。もし，その1時間を顧客獲得に充てることができれば，0.5件の顧客を獲得できていたはずです。なぜなら，R君は2時間で1件の顧客を獲得できるからです。このとき，R君が1部の資料を作成する機会費用は，顧客獲得件数で測るならば0.5件（＝0.5件/1部）となります。

　Sさんの機会費用についても同じようにまとめれば，**表2.3**右側にある機会費用の比較となります。機会費用は小さいほうが，それだけ犠牲が小さいという意味で効率的です。機会費用の小さな仕事に従事するほうが，犠牲が小さいため望ましくなります。

　1件の顧客を獲得するときの機会費用は，2部のR君よりも，1部のSさんのほうが小さいです。つまり，顧客獲得に従事することで，犠牲となる資料作成部数が，R君よりもSさんのほうが少ないことになります。このとき，Sさ

んはR君に比べて顧客獲得に関する**比較優位**をもつといいます。

一方，1部の資料を作成するときの機会費用は，1件のSさんよりも，0.5件のR君のほうが小さいです。つまり，資料作成に従事することで，犠牲となる顧客獲得件数が，SさんよりもR君のほうが少ないことになります。このとき，R君はSさんに比べて資料作成に関する比較優位をもっています。

● 比較優位と分業

この想定のもとで，R君とSさんが，それぞれ6時間だけ働く状況を考えます。2人の働き方による成果は，**表2.4**上段にまとめています。

表2.4 分業の有無によるR君とSさんの仕事の成果の違い

		分業しない	比較優位をもつ仕事で分業する
R君	顧客獲得件数	1件（2時間）	0件（0時間）
	資料作成部数	4部（4時間）	6部（6時間）
Sさん	顧客獲得件数	1件（3時間）	2件（6時間）
	資料作成部数	1部（3時間）	0部（0時間）
合計	顧客獲得件数	2件（5時間）	2件（6時間）
	資料作成部数	5部（7時間）	6部（6時間）

第1は分業しないケースです。R君は2時間を顧客獲得に，4時間を資料作成に，Sさんは3時間を顧客獲得に，3時間を資料作成に費やしたとしましょう。その結果，R君の顧客獲得件数は1件，資料作成部数は4部となり，Sさんの顧客獲得件数は1件，資料作成部数は1部となりました。以上をまとめた仕事の成果の合計は，**表2.4**下段にあるように，顧客獲得件数は2件，資料作成部数は5部となります。

第2はそれぞれが比較優位をもつ仕事で分業するケースです。R君は6時間を資料作成に費やし，資料作成部数は6部となります。Sさんは6時間を顧客獲得に費やし，顧客獲得件数は2件となります。以上をまとめた仕事の成果の合計は，顧客獲得件数2件，資料作成部数6部となります。

表2.4下段に仕事の成果の合計が示されています。この結果，分業をしない

場合よりも，比較優位をもつ仕事で分業する場合のほうが，全体の生産量を増やすことがわかりました。

以上のことは，絶対優位をもたない人でも，比較優位さえもてば，分業によって生産の効率性の向上に貢献できることを意味しています。この背景には，生産要素の希少性があります。生産要素である労働が，時間的に制約されていることを考えれば，どれだけ能力の高い人であっても，すべての仕事に比較優位をもつことはできません。比較優位を使い，うまく分業を行うことで，より効率的な生産を行うことができるのです。このことは，労働だけでなく，資本についても成立します。

レクチャー 2.2　なぜ交換するのか

● 交換のメリットとは

　絶対優位や比較優位をうまく使い，分業と特化によって，財・サービスの生産が効率的になされたとしても，その財・サービスを欲求する複数の家計に，財・サービスがうまく配分されなければ，家計は満足な消費ができません。

　企業としての漁師は，魚を捕まえることには，少なくとも比較優位をもっています。そのため漁師は，漁業に特化して生産を行うべきでしょう。その結果，漁師は魚，野菜農家は野菜，米農家は米を多くもつことになります。しかし，漁師は魚だけを食べたいから生産しているのでしょうか。

　家計としての漁師は魚ばかりを食べるわけにはいきませんし，野菜農家も野菜ばかり，米農家も米ばかりを食べたいわけではありません。1つの種類の財・サービスを毎日消費するよりも，多様な財・サービスを消費するほうが，家計の経済的欲求は満たされるでしょう。漁師も家計として，魚以外の財・サービスを欲求しているはずです。彼らは生産を行う企業ですが，その一方で消費を行う家計でもあります。

　家計や企業といった経済主体の間で，それぞれがもっている資源を別の資源に交換できれば，交換後の家計はより多くの種類の財・サービスを消費でき，経済的欲求は満たされるでしょう。交換は，生産や消費と同じく，重要な経済活動です。なお，貿易は国と国との交換です。

　分業や特化が進むほど，生産された財・サービスの資源配分は，極端なもの

になってゆきます。しかし，交換がなされることで，その財・サービスを消費する家計へ配分できるなら，分業と特化を進めることが効率的です。すなわち，分業と特化の深化は，交換が前提になっているのです。

実際，私たちの生活に交換は欠かせません。コンビニのレジでは，おにぎりとお金を交換しています。レストランやスーパーマーケットでも同様です。アルバイト先や仕事先では，私たちの労働と給料を交換しています。

交換にメリットがあるからこそ，交換は自発的になされます。誰も不利な交換に応じることはありません。コンビニでおにぎりを買う人は，お金を払う以上のメリットを，おにぎりに感じているから，交換するわけです。

では，交換が行われるのは，なぜでしょうか。まず，それぞれの家計や企業が，交換前に何らかの資源をもっていることが，交換ができる条件になります。何も物的資源をもっていない家計でも，労働という資源をもっているかもしれません。ならば，労働を提供することで，他の資源を入手できます。

家計が当初にもつ資源よりも，交換して得られる資源に魅力を感じるとき，その家計は交換を行おうとします。ただし，交換には相手が必要です。1つの家計だけが交換しようとしても，成立しません。少なくとも2つの家計が，お互いに資源を交換することにメリットを見出せるとき，交換が成立します。企業についても同様です。

家計が当初にもつ資源に違いがなくても，それぞれの家計の好みに違いがあれば，交換が発生する可能性があります。世の中には，テレビゲームに興味をもつ人もいれば，もたない人もいます。梅干しが好きな人もいれば，嫌いな人もいます。このように，好みの違いが自発的な交換をうながすと考えられます。

● **物々交換における価格とは**

もっとも基本的な交換に**物々交換**があります。人間が集落をつくって生活をし始めたときから，人々は資源を交換していたと考えられます。ここでは，交換のもっとも原始的な形態である物々交換が，どのようにしてなされるかについて考察します。

図 2.2 には，単純な物々交換の様子が示されています。交換前の状態において，リンゴ農家のX君は（リンゴ5個），ミカン農家のYさんは（ミカン8個）をもっています。X君はリンゴが好きですが，リンゴばかり食べたいとは思っ

ていません。Yさんもミカンは好きですが，ミカンばかり食べたいとは思っていません。

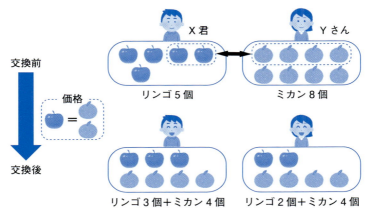

図2.2　X君とYさんによる物々交換

　いま，X君とYさんの2人が同じ場所に集まり，リンゴとミカンを交換しようということになりました。交換のためには，まず，リンゴ何個がミカン何個に相当するかという**交換比率**を決めなければなりません。

　X君は当初，（リンゴ1個＝ミカン3個）の交換比率を示していました。この交換比率に納得できないYさんは，（リンゴ1個＝ミカン1個）の交換比率を主張しました。

　この場所ですべてのリンゴをもつX君は，できるだけ多くの個数のミカンとリンゴ1個を交換したいと思っています。一方，この場所ですべてのミカンをもつYさんは，できるだけ少ない数のミカンとリンゴ1個を交換したいと思っています。そのため，2人とも自分が有利になる交換比率を提示したのです。しかし，これでは交換がまとまりません。

　そこでX君とYさんは，（リンゴ1個＝ミカン2個）という交換比率で合意しました。このような交換比率こそが**価格**なのです。リンゴ1個を基準にしてミカンの個数を測っているため，ここでの価格は相対価格となっています。

　X君とYさんは，価格（リンゴ1個＝ミカン2個）のもとで，リンゴ2個とミカン4個を交換しました。交換後にX君は（リンゴ3個，ミカン4個），Yさんは（リンゴ2個，ミカン4個）となりました。

● 市場と価格の機能

交換による資源配分が，どのような意味をもつのかについて検討しましょう。図 2.3 をご覧ください。

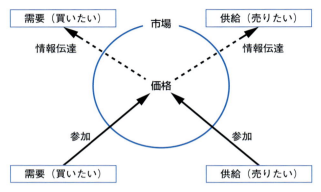

図 2.3　市場と価格の機能

　第 1 に，交換がなされる場が**市場**です。市場には，「いちば」と「しじょう」の 2 種類の呼び方があります。「いちば」は野菜市場や魚市場のように，特定の財の交換が実施されている空間的な場所を指すことが多いです。通常，経済学では「しじょう」を使います。

　X 君と Y さんの交換でも，2 人が集まる場所があったからこそ，交換が行われたと考えられます。ただし，現代社会では，交換には必ずしも空間的な場所は必要ではありません。インターネットでの商取引が活発になされているように，空間的な場所がなくても交換はできます。とはいえ，交換したいと考える複数の経済主体が出会う何らかの「場」は必要で，その概念を市場(しじょう)とよんでいます。

　第 2 に，X 君と Y さんは，ともに資源の需要者であり，同時に資源の供給者であるということが重要です。一般的な意味として，**需要**は買おうと考える数量であり，**供給**は売ろうと考える数量です。交換前において，X 君はリンゴを供給し，ミカンを需要します。逆に Y さんはミカンを供給し，リンゴを需要します。

　企業は常に供給者ではなく，家計は常に需要者ではないことに注意すべきです。状況によっては，企業も家計も供給者になることもあれば，需要者になる

こともあります。サンドウィッチ企業は，生産した卵サンドウィッチの供給者ですが，生産に必要な具材や労働については需要者です。私たち家計も，財・サービスの需要者であるだけでなく，労働や資本の供給者です。

第3は，交換前の状態から交換後の状態が実現するときに，X君もYさんもともに，経済的欲求が満たされつつあることです。交換によってX君もYさんも満足度を改善できました。この意味で，自発的な交換により，資源配分の効率性が向上します。さらにいえば，分業や特化によって生産の効率性を高めることも，交換を前提とすれば，資源配分の効率性を高めます。

第4に，<u>交換比率である価格が一定になる状態が**均衡**です。均衡において，X君とYさんは最大の満足度を得ており，経済はもっとも望ましい状態に到達しています。</u>

第5に，交換が行われるのは，X君とYさんがともに，当初に資源をもち，供給者であることが条件です。たとえば，X君が当初に何ももっていない場合，Yさんとの交換は実施されません。交換がなされるのは，交換前に資源をもっている家計に限定されます。

このことは，当初に資源をもたない家計は，交換によって経済的欲求を満たすことができないことを意味します。資源をもたない家計（たとえば貧困世帯）と資源をもつ家計の格差は，交換によって改善できないのです。

第6に，均衡では価格が成立します。均衡において成立した価格は，いくつかの重要な機能をもちます。市場に参加しているX君とYさんだけでなく，市場に参加していない他の人々にも，価格の情報が伝わることで，市場に参加するかどうかを決める役割を果たします。これが価格の**情報伝達機能**です。

図2.2のX君とYさんの交換では，リンゴ1個はミカン2個に相当しました。ただし，価格は状況によって変わります。X君がより強くミカンを欲しいと思えば，リンゴ1個でミカン3個と交換したいと思うかもしれません。それをYさんが受け入れるかどうかで価格が変わります。

X君とYさんの交換の場に，ミカン12個をもつZ君が登場すれば，さらに価格は変わるでしょう。交換に参加する経済主体の交渉力や保有している財・サービスの数量によって価格は変わります。スーパーマーケットで売られている財の価格が，閉店前に変動するように，価格は**調整機能**をもつのです。

復習

(1) 現実の経済では，ある人はある仕事をして，別の人は別の仕事をする◻︎がみられる。

(2) Qさんよりも，P君の生産性が高いならば，顧客獲得はP君にとって◻︎をもつ仕事である。

(3) 絶対優位をもたないSさんでも，◻︎をもてば，その仕事をすることで生産の効率性を高めることができる。

(4) 価格の情報をもとに，需要と供給が出会う場が◻︎である。

レクチャー 2.3 貨幣の機能

● 非効率な物々交換

図 2.2 ではリンゴとミカンの物々交換を考えました。現代社会では，物々交換はほとんどみられません。それは，財・サービスを交換する上で，物々交換が非効率だからです。

まず，X君とYさんが，同じ時間の同じ場所に居合わせなければ，物々交換はできません。そもそも，そういった場所に，交換するための多くの財・サービスを持ち込むことに手間がかかります。ただし，この点は，インターネットが発達した現代では，かなり解決できるかもしれません。しかしながら，それでも生鮮食料品のような腐りやすい財の交換は，同じ場所の同じ時間帯で交換がなされることが必要でしょう。

そして，たとえ偶然に同じ時間の同じ場所に，交換するための財・サービスをもった2人が居合わせたとしても，まだ問題があります。X君が欲しい財・サービスをYさんがもっているとは限りませんし，逆にYさんが欲しい財・サービスをX君がもっているとも限りません。

X君が欲しい財・サービスをYさんがもち，Yさんが欲しい財・サービスをX君がもっているという状態が実現することを，**欲望の二重の一致**といいます。物々交換の成立には欲望の二重の一致が必要ですが，これは，かなり厳しい条件であることがわかります。

欲望の二重の一致は，市場に参加する家計の数が増えるほど複雑になります。図 2.4 には，X君とYさんとZ君の当初の状態を示しています。当初，X君は

リンゴをもっています（供給）が，メロンが欲しい（需要）とします。また，Yさんはミカンをもっていますが，リンゴが欲しいとします。そして，Z君はメロンをもっていますが，ミカンが欲しいとします。

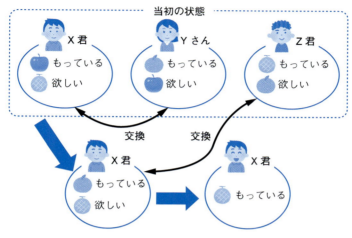

図2.4　X君とYさんとZ君の物々交換

　このとき，X君とYさんが出会ったとしても，欲望の二重の一致が成立せず，交換できません。X君が欲しいのはメロンですが，Yさんはメロンをもっていないからです。YさんとZ君が出会ったとしても，同じく交換はできません。Z君とX君が出会っても，やはり交換はできないのです。

　彼ら3人が交換を行えるのは，3人が同時に会う機会があるときだけです。このことからも，物々交換の実現が厳しい条件であることがわかります。さらに，3人が同時に会ったとしても交換は非常に複雑になります。

　たとえばメロンが欲しいX君は，メロンをもっているZ君と交換したいと考えますが，Z君はミカンが欲しいため，リンゴしかもたないX君とは直接交換できません。そこでX君は，リンゴが欲しいYさんに，リンゴとミカンの交換をもちかけ，ミカンを入手してから，Z君のもつメロンとミカンを交換することになります（図2.4）。この交換はかなり複雑です。

　仮に欲望の二重の一致が実現できても，お互いが満足できる交換比率（価格）に到達できるかどうかはわかりません。不特定多数の人々が物々交換に参

加すれば，価格の計算はますます複雑化すると考えられます。価格を決めるのに時間を要すれば，鮮魚のような財は腐ってしまうかもしれません。

交換そのものは人間の経済的欲求にとっては望ましい手段であるものの，物々交換は財・サービスの交換の方法として効率的ではないことは明白です。しかしながら，この難点を乗り越えるために人類は，画期的な道具を発明したのです。

● **貨幣の性質：価値尺度**

物々交換が抱える難題は，貨幣を用いれば一気に乗り越えられます。貨幣こそ，人類最大の発明の一つといえます。私たちが現実に使っている紙幣や硬貨が代表的な貨幣です。

貨幣は誰が発明したということではなく，人類が自然発生的に使うようになったと考えられます。その背景には，貨幣がもつ便利な性質があります。その第1の性質として価値尺度があります。

貨幣を用いれば，様々な財・サービスの価値を同一の尺度で測ることができ，財・サービスの価値を比較できます。一方，物々交換のケースでは，リンゴとミカンの例で考えたように，交換比率こそが価値尺度です。そこで，物々交換のケースと貨幣を用いることができるケースで，それぞれ交換比率が何通りになるかを考えてみましょう。表2.5左側をご覧ください。

表2.5 物々交換と貨幣による交換比率の数

財・サービスの数	物々交換における交換比率	貨幣による交換比率
2財	1通り	2通り
3財	3通り	3通り
4財	6通り	4通り
5財	10通り	5通り
10財	45通り	10通り
1,000財	499,500通り	1,000通り
n財	$n(n-1) \div 2$通り	n通り

レクチャー2.3 貨幣の機能

まずは物々交換のケースです。リンゴとミカンの例であったように，2財の物々交換の場合の交換比率は1通りです。この物々交換にメロンが加わって3財になれば，リンゴとミカン，リンゴとメロン，ミカンとメロンという3通りの交換比率を決めることになります。

さらにイチゴが増えて4財になれば，リンゴとミカン，リンゴとメロン，リンゴとイチゴ，ミカンとメロン，ミカンとイチゴ，メロンとイチゴという6通りの交換比率になります。

これは，「リンゴ，ミカン，メロン，イチゴが描かれた4枚のカードがある。このうち2枚のカードを取り出す場合，何通りの組み合わせができるか」という組み合わせ数を求める算数の問題と同じです。

まず，1枚目は4つのカードから選ぶことができるために4通りです。その次は3つのカードから選ぶことができるために3通りです。したがって，4×3＝12通りとしたいところですが，それは間違いです。「リンゴ，メロン」も「メロン，リンゴ」も同じ組み合わせなので，重複している組み合わせを減らさなければなりません。重複する組み合わせは必ず2組ずつあるので，正しい答えは6通り（＝12÷2）となります。

これを一般化すれば，交換する財・サービスの種類がn個のとき，$n(n-1)÷2$通りの交換比率を決めることになります。5財ならば10通り，10財ならば45通り，1,000財ならば実に499,500通りです。

続いて，貨幣を用いることができるケースにおいて，価値尺度である交換比率は何通りになるかを考えます。同様に**表2.5**右側をご覧ください。

貨幣を用いることができるケースで，ミカンとリンゴの2財の場合は，ミカンとリンゴにそれぞれの価格をつけることになるため，2通りです。メロンが加わって3財になれば3通りになります。イチゴが増えて4財になれば4通りです。10財だと10通り，1,000財だと1,000通りです。

したがって，交換する財・サービスの種類がn個のとき，n通りの交換比率を決めることになります。実際，スーパーマーケットでは，個々の財ごとに，1つの価格が値札に示されています。

物々交換のケースは1,000財だと499,500通りでした。貨幣を用いれば1,000通りです。物々交換では，交換する財・サービスの数が増えるほど，決めるべき交換比率の数を劇的に増やさないといけません。財・サービスの数が

コラム 2.1　貨幣の歴史

　人類は，最初から紙幣や硬貨を使っていたわけではありません。まず，古代社会では，貝殻，石，骨といった自然の物品を用いた**自然貨幣**が登場します。自然貨幣は持ち運びには便利でしたが，誰もがその貨幣そのものの価値を認めることができないという難点がありました。誰もが価値を認めなければ，貝殻は貨幣として普及しません。

　そこで，布や皮，塩や米などの穀物を用いた**商品貨幣**も用いられます。商品貨幣は，貨幣そのものに価値があり，貝殻などの自然貨幣の問題を解決しているといえます。しかしながら，商品であるがゆえに物々交換と代わりがなく，持ち運びが困難でした。

　そこで，金貨，銀貨，銅貨といった**金属貨幣**が登場します。当初は，金属を重さで量って貨幣とし，金属の価値が貨幣の価値でした。たとえば，金 100g の価値が，その貨幣の価値に等しく，その価値と同じ財と交換していました。

　その後，金属の価値が貨幣の価値と一致しない金属貨幣が登場します。たとえば，銅 5g のコインの価値は銅 5g の価値とは一致しない，銅 5g の価値以上の価値をコインがもつこともある，ということです。このような貨幣は，交換の利便性を高めるために使われ，貨幣そのものの価値は国の信用によって保証されるようになります。このような貨幣を**信用貨幣**とよびます。信用貨幣は，銀行に持ち込んでも，その価値の金属と交換することはできません。現在，私たちが使っている貨幣も信用貨幣です。

　金属貨幣のあと，**紙幣**が登場します。紙幣は紙であり，紙にはそれほどの価値はありませんので，まさに信用貨幣そのものです。日本ならば，中央銀行が発行する日本銀行券が紙幣として流通しています。当初の日本銀行券は，金本位制によって，日本銀行が発行した紙幣と同額の金を，日本銀行の金庫で保管する**兌換紙幣**でした。金の信用力によって，紙幣の価値を維持しようとしていたのです。

　その後，経済の発展とともに紙幣の発行も増えたのですが，それを裏づける金の量が足りなくなり，金本位制は終焉を迎えます。紙幣は金との交換を必ずしも保証しない紙幣となり，兌換紙幣は**不換紙幣**になりました。

　現代の私たちが使っている貨幣は，金属貨幣と紙幣です。これらの価値は，金による裏づけはなく，国の信用力が貨幣の価値を決めています。そのため，国の信用力がなくなれば，貨幣の価値は暴落します。日本でいえば，第 2 次世界大戦の敗戦後，日本円の価値は暴落しました。ドイツでも，同じことが生じました。貨幣の価値と国の信用力は表と裏の関係にあるのです。

増えれば，物々交換はとても煩雑になり，時間を要することになります。

しかも，物々交換では，1つの財・サービスの価格として，数多くの交換比率を表記しなければなりません。たとえば，リンゴ，メロン，ミカンの3財の場合に，スーパーマーケットのリンゴの値札は，「メロン Y 個分」「ミカン Z 個分」のように，2種類も示す必要があります。財が増えれば，価格表示はもっと増えます。これはほとんど不可能です。

しかし，貨幣が導入されることで，この問題はかなり改善されます。リンゴ，ミカン，メロンという3財の交換に貨幣を介在させれば，リンゴと貨幣，ミカンと貨幣，メロンと貨幣，イチゴと貨幣という4通りで，個々の財の交換比率で済んでしまいます。

貨幣が日本円ならば，スーパーマーケットの値札にあるように，リンゴは「1個 100 円」，ミカンは「1個 50 円」，メロンは「1個 1,500 円」，イチゴは「1箱 500 円」ということで，価格表記は簡単になります。

貨幣が介在すれば，交換する財・サービスの数が n 個のとき，n 通りの交換比率で足ります。したがって，<u>貨幣の導入によって，交換比率を決める手間をかなり省くことができ，交換を効率化できます。</u>

● 貨幣の性質：交換手段と価値貯蔵手段

第2に，貨幣は**交換手段**となります。物々交換の成立には，欲望の二重の一致が必要でした。交換に貨幣が介在すれば，欲望の二重の一致は不要になります。

たとえば，図 2.4 において，3人の欲望の二重の一致がいかに困難かを示しました（本章 p.53 参照）。ところが，貨幣を導入するとそれが容易になります。図 2.5 には，X 君と Y さんと Z 君が当初から貨幣をもっている状態を考えています。

リンゴをもっていてメロンが欲しい X 君は，リンゴが欲しい Y さんにリンゴを売って貨幣を受け取ります。その後，X 君は，メロンをもっている Z 君から，貨幣を使ってメロンを買います。このとき重要なのは，X 君は Y さんと Z 君が何を欲しいのかを知る必要がないということです。

物々交換の場合は，X 君と Y さんはお互いに欲しい財・サービスが一致することが必要でした。欲望の二重の一致がなくても，交換が成立するところに貨

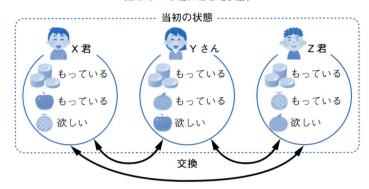

図 2.5　X君とYさんとZ君の貨幣による交換

幣の重要な性質があります。貨幣を通して間接的に交換することで，交換相手の欲望を知る必要がなくなります。自分の欲望だけを考え，貨幣を用いればよいのです。

　その理由は，誰もが貨幣を欲しいと考えているためです。貨幣は，どんな財・サービスとも交換できます。そのため，リンゴやミカンよりも，貨幣をもつことが望ましいのです。これが，貨幣が交換手段となるメリットです。

　第3に，貨幣は**価値貯蔵手段**となります。通常の貨幣は長期的に保存できます。リンゴを売って貨幣を手に入れたA君は，すぐにメロンが欲しいとは思わないかもしれません。その場合は，貨幣を保存しておくこと，すなわち貯蓄が可能となり，将来の消費に備えることができるのです。

　価値を貯蔵できる貨幣は，どのような形態をとるのでしょうか。まず，持ち運びが容易で，耐久性があり，おつりが払えるように価値を細かく分解できることが重要です。また，簡単には偽物をつくられないことも必要です。これらの条件を満たす貨幣としては，現在では複数の種類の紙幣と硬貨が流通しています。

　価値貯蔵手段がある貨幣ですが，その価値が時間を通して一定だとは限りません。貨幣価値は変動します。明治時代の1円は，現在の1円より，高い価値でした。したがって，現在の1万円が100年後も同じ価値をもつことはないでしょう。インフレーションがあれば貨幣の価値は下落し，デフレーションがあれば貨幣の価値は上昇します。インフレで貨幣の価値が下落すれば，購入できる財・サービスの数量が減ります。

レクチャー**2.4** 市場の仕組み

● 財・サービス市場と生産要素市場

貨幣の登場によって形成された市場では，様々な財・サービスや生産要素が貨幣と交換されます。それを大きく分類すれば**財・サービス市場**と**生産要素市場**に分けられます。財・サービス市場では，財・サービスが取引の対象となります。生産要素市場では，生産要素が取引の対象となります。

このとき，財・サービスないし生産要素を購入したいと考えることが需要であり，反対に財・サービスないし生産要素を市場にて提供したいと考えることが供給です。図 2.6 には，財・サービス市場と生産要素市場のイメージが示されています。ここでは，財・サービス市場と生産要素市場の特徴を考えてみましょう。

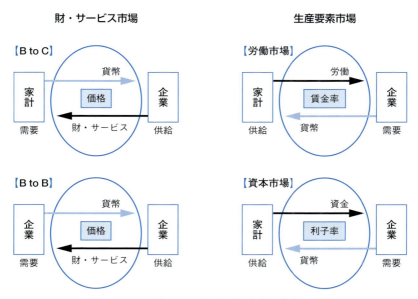

図 2.6 財・サービス市場と生産要素市場

第1に財・サービス市場では，企業が供給側，家計や企業が需要側となり，財・サービスと貨幣を交換しています。たとえば，学生がコンビニでお弁当を

買う場合や，ある会社が事務用にパソコンを購入する場合が相当します。このとき，需要と供給の交換比率が価格です。

需要側が家計である財・サービス市場は，財・サービスが企業から家計へ流れています。企業を Business，家計を Consumer とすれば，財・サービスの流れは Business to Consumer（B to C）です。需要側が企業である財・サービス市場は，財・サービスの流れは Business to Business（B to B）です。

第2に生産要素市場では，家計が供給側，企業が需要側となり，生産要素と貨幣を交換しています。生産要素市場は，労働市場と資本市場に分けられます。

労働市場では，家計が労働の供給側となり，企業が需要側となります。労働市場では，需要と供給の交換比率は賃金率です。たとえば，学生が飲食店でアルバイトをする場合が相当します。その際，時給または日給といった賃金率が，需要と供給の交換比率になります。

就職活動をする学生も，労働の供給側です。近年では，正規雇用に加えて非正規雇用が増え，雇用形態が多様化していますが，それでも年収や月収といった賃金率が交換条件となっています。

資本市場では，家計が資金の供給側となり，企業が需要側となります。企業が設備投資などの活動を行うにあたって，手持ちの資金では不足する場合に，資本市場から資金を調達します。その資金をもとに，企業が設備投資を行うことで，企業の資本が蓄積されます。そのため，資本市場では，家計の貨幣が企業の資本と交換されています。

企業の資金調達の方法には，株式発行や社債発行などで直接的に資本市場から資金を調達する直接金融と，銀行などの金融機関から資金を調達する間接金融があります。銀行などの金融機関は，家計から預貯金などの資金を集め，資金を必要とする企業に対して貸し出しを行います。

間接金融の場合，資金の供給側である家計は，資金を供給することで，預金金利による利子を受け取ります。一方，資金の需要側である企業は，資金を調達することで，貸出金利による利子を支払います。ここでは，金利すなわち利子率が，資本市場における需要と供給の交換比率になっています。

株式や社債といった直接金融の場合，資金の供給側である家計は，貨幣によって株式や社債を手に入れます。株式の場合は，企業の利益に応じて，家計は企業から配当を受け取ります。社債の場合も，家計は企業から社債利子を受け

取ります。直接金融において，需要と供給の交換比率となる利子率は，利子のみならず配当を含む概念で考えます。

● **家計と企業の経済循環**

図 2.6 では，家計と企業が財・サービス市場と生産要素市場を通して，貨幣と財・サービス，貨幣と生産要素を交換している様子を示しました。B to C と B to B の財・サービス市場を1つにまとめ，労働市場と資本市場を1つの生産要素市場としてとらえれば，図 2.7 にある経済循環を描くことができます。

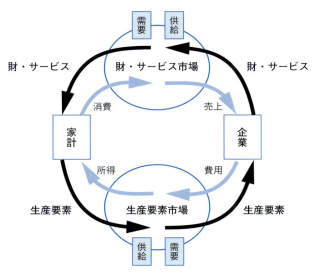

図 2.7　家計と企業の経済循環

黒色の矢印は財・サービスまたは生産要素の流れ，青色の矢印は貨幣の流れを示しています。財・サービスと生産要素は，貨幣とは逆に流れていることがわかります。

第1に，B to C の財・サービス市場においては，家計が財・サービスの需要側となり，企業が財・サービスの供給側になります。B to C の財・サービス市場では，家計は財・サービスを消費し，それが企業の売上となります。B to B の場合は，企業が財・サービスの需要側となり，別の企業が財・サービスの供給側になります。

生産要素市場においては，企業が生産要素の需要側となり，家計が生産要素の供給側になります。家計は労働を供給するだけでなく，資金を提供することで資本を供給します。企業は労働と資本によって，生産活動を行います。

生産要素市場では，企業は生産要素の費用を支払い，それが家計の所得となります。需要側の企業は労働と資本への費用（貨幣）を支払い，供給側の家計は労働と資本によって所得（貨幣）を得ます。

そして，家計は生産要素の供給から得た所得をもとに，財・サービス市場にて消費します。また，企業は生産要素によって財・サービスを生産し，財・サービス市場へ供給します。**図 2.7** の **経済循環** では，貨幣が時計回り，財・サービスと生産要素が反時計回りに流れていることがわかります。このようにして，経済主体は市場によって結びつき，財・サービス，生産要素，貨幣が循環しているのです。

人々の経済的欲求をいかに満たすかが，経済にとって重要でした（第 1 章 p. 3 参照）。そのために何が重要なのかについて，経済循環をもとに考えてみましょう。

まず，人々の経済的欲求を満たすためには，家計がより多くの財・サービスを消費できる状態をつくりだすことが重要です。消費を増やすには，企業による財・サービスの生産量を増やさなければなりません。財・サービスの生産量を増やすには，企業が活用できる生産要素を増やすことが必要です。もちろん，企業は生産要素を効率的に活用しなければなりません。

企業が活用する生産要素が増えれば，家計の所得も増えます。家計の所得が増加すれば，家計の消費も増えるでしょう。その結果として，人々の経済的欲求は改善すると考えられます。財・サービス市場にて取引される財・サービスの数量の増加は，経済規模の拡大を意味します。すなわち，経済成長が経済にとって重要であることが再確認できます。

● 資本主義経済の特徴

これまで説明してきた経済は，**資本主義経済** にみられる仕組みです。多くの先進国では，資本主義経済を基本としています。

資本主義が発達する以前の経済では，生産の主役は農家でした。農家の生産の特徴は，農家自身が生産手段としての農耕器具（資本）を所有し，農家自身

が農地を耕して労働を行うことです。すなわち、農家が主役の経済では、労働と資本の所有は分離していませんでした。

世界で最初に資本主義が発達したイギリスでは、16世紀から18世紀にかけて、毛織物工業の材料となる羊毛を生産する牧羊を行うためや農地の集約化のために、土地の囲い込みが行われました。このとき、多くの農家が農地を失い、彼らは資本をもたない**労働者**となりました。

労働しかもたない多くの労働者が誕生した一方で、生産手段としての資本をもつ**資本家**も誕生します。当時のイギリスにおける典型的な資本家は、毛織物工場を所有する経営者でした。資本家は、労働者の労働を用い、毛織物の生産を行います。資本家は利潤を求めて競争をします。

当初の毛織物工場での生産は、工場制手工業（マニュファクチュア）でした。そこに紡績機や蒸気機関の発明によって産業革命が興り、機械化が進展します。利潤を求める資本家は、積極的に機械化を行います。

重要なことは、資本主義経済において資本と労働が分離したことです。イギリスでは、世界で初めて資本と労働の分離がなされ、産業革命による機械化が資本蓄積をうながしました。

このように、資本と労働が分離し、生産手段をもつ資本家が、利潤を追求する経済の仕組みが資本主義経済です。資本蓄積によって経済が発展する一方で、労働者と資本家の格差が拡大しました。

現代社会でも、労働者と資本家の格差は、資本主義経済のアキレス腱だと考えられています。しかしながら一方で現代社会では、労働者と資本家を明確に分離することも、難しくなっています。

その背景には、金融機関の発達と株式会社の登場があります。いままで本書で展開してきた経済の仕組みでは、家計は労働を市場に供給するだけでなく、家計は資本も市場に供給していました。家計が供給する資本とは、すなわち資金であると考えてきました。

家計の資金が金融機関に預けられ、金融機関が企業にその資金を提供し、その資金を用いて企業が設備投資を行い、資本蓄積がなされます。または、家計の資金は直接、株式や社債を購入することで企業の資金となり、企業の設備投資の原資になります。したがって、企業の資本は家計の資金につながっていました。

金融機関や株式会社が発達した現代では、金融機関に資金をもつ、または株式や社債をもつ家計は、誰でも資本所有者であるということです。多くの人々が労働者であり資本所有者であるのが、現代社会の特徴なのです。

復習
(1) 交換比率である□□□□が成立すれば、交換ができるようになる。
(2) 物々交換の成立には、□□□□□□の二重の一致が必要である。
(3) 物々交換が抱える問題は、□□□□□を用いれば一気に乗り越えられる。
(4) 市場には大きく分けて、財・サービス市場と生産要素市場がある。生産要素市場は、□□□□市場と□□□□市場に分けられる。
(5) 経済主体が市場を通してつながり、財・サービス、生産要素、貨幣が流れる様子は□□□□として描かれる。

練習問題
問題1　分業と特化
　効率的な生産活動において、分業と特化はとても重要です。これらに関する記述で、誤っている文章は次のうちどれでしょうか。　　　ヒント：p.40〜41を読もう！
(1) 1人の人間による自給自足では、分業を行うことができず、効率的に生産を行うことが難しい。
(2) 分業による特化によって、労働者の生産能力が高まり、企業の生産の効率性が向上する。
(3) 分業と特化が高度に発展すると、専門的な職業が確立してゆく。
(4) 労働者がすべての工程に習熟しなければ、全体の生産は高まらない。

問題2　絶対優位と比較優位
　分業により、労働による生産性の差が生まれ、人によっては得意な仕事と得意でない仕事がでてきます。では、絶対優位と比較優位に関する記述で、誤っている文章は次のうちどれでしょうか。　　　ヒント：p.41〜47を読もう！
(1) 絶対優位をもつ人が、すべての仕事を行うことが効率的である。
(2) 比較優位をもつ人に、その仕事を割り当ててゆくことが効率的である。
(3) 絶対優位をもたない人でも、比較優位をもてば、生産の効率性に貢献できる。
(4) 比較優位を使い、うまく分業を行うことで、効率的な生産が実現する。

問題3 交　換

分業と特化が進み，財・サービスの生産が効率的になされても，財・サービスがうまく配分されなければ，家計は満足な消費ができません．そこで交換が重要になりますが，交換に関する記述で，誤っている文章は次のうちどれでしょうか．

ヒント：p.47〜52を読もう！

(1) 交換前に何らかの資源をもっていることが，交換ができる条件になる．
(2) 物々交換は個々の財・サービスに対して交換比率を決めなければならず，交換手段としては非効率である．
(3) 価格が一定になる均衡において，市場の参加者の満足度は最大にはなっていない．
(4) 市場での価格の情報は，市場に参加するかどうかを決める役割を果たす．

問題4 貨　幣

物々交換は効率的でないため，貨幣が導入されました．現代の貨幣の性質のうち，適当でないものは，次のうち，どれでしょうか． ヒント：p.52〜58を読もう！

(1) 貨幣の金属そのものの価値が重要である　　(2) 持ち運びが便利
(3) 保存ができる　　(4) 誰もが欲しいと考えている

問題5 様々な市場

財・サービス市場と生産要素市場においては，家計と企業が，需要側と供給側に分かれ，財・サービスと貨幣を交換しています．これらに関する記述のうち，誤っている文章は次のどれでしょうか． ヒント：p.59〜61を読もう！

(1) 財・サービス市場においては，常に需要側が家計，供給側が企業になる．
(2) 労働市場においては，需要側が企業，供給側が家計になる．
(3) 資本市場においては，需要側が企業，供給側が家計になる．
(4) 資本市場では，家計は直接的に企業に資金を供給する場合もあれば，金融機関を通じて間接的に資金を供給する場合もある．

問題6 経済循環

家計と企業が財・サービス市場と生産要素市場を通して，貨幣と財・サービス，貨幣と生産要素を交換している様子が経済循環である．経済循環に関する記述のうち，誤っている文章は次のどれでしょうか． ヒント：p.61〜62を読もう！

(1) 財・サービスと生産要素は，貨幣と同じ方向に流れている．
(2) 家計は，生産要素の供給から得た所得をもとに，財・サービス市場で消費する．
(3) 企業は，生産要素によって財・サービスを生産し，財・サービス市場での売上をもとに，労働と資本への費用を支払う．

(4) 財・サービス市場で取引される財・サービスの数量の増加が経済規模の拡大であり，経済成長である。

問題7　レポート①
第2章の内容を踏まえ，下記をテーマにレポート（1,000字以上）を作成しなさい。
(1) 分業のメリットはどのようなものか。「分業のメリットについて」
(2) 交換の特徴とはどのようなものか。「交換の特徴について」
(3) 貨幣の機能とはどのようなものか。「貨幣の機能について」
(4) 市場の仕組みとはどのようなものか。「市場の仕組みについて」

問題8　レポート②
第2章を読む前と読んだ後を比較して，どのような考えを得ることができたか，「第2章を読んで」をテーマにレポート（1,000字以上）を作成しなさい。

練習問題解答
問題1　正解（4）：労働者はすべての工程に習熟する必要はなく，分業と特化によって生産の効率性は高まる。
問題2　正解（1）：絶対優位をもたない人にも，比較優位さえあれば，生産の効率性に貢献できる。
問題3　正解（3）：価格が一定になる均衡においては，市場の参加者の満足度は最大になっている。
問題4　正解（1）：現代の貨幣では，貨幣の金属そのものの価値は重要ではない。
問題5　正解（1）：財・サービス市場では，B to C ならば需要側は家計で供給側は企業だが，B to B ならば需要側も供給側も企業である。
問題6　正解（1）：財・サービスと生産要素は，貨幣と反対方向に流れている。
問題7　正解省略
問題8　正解省略

第 **3** 章

家計の経済行動 Ⅰ

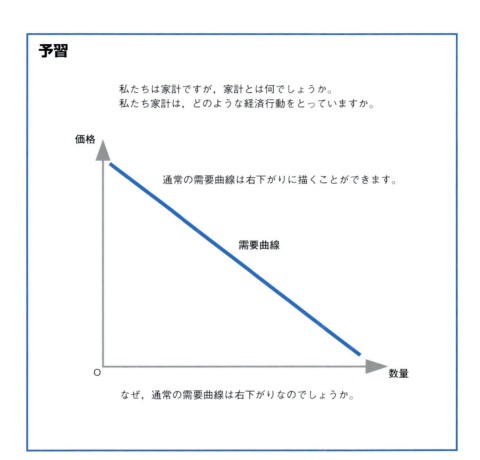

予習

私たちは家計ですが，家計とは何でしょうか。
私たち家計は，どのような経済行動をとっていますか。

通常の需要曲線は右下がりに描くことができます。

需要曲線

なぜ，通常の需要曲線は右下がりなのでしょうか。

学びのポイント
1. 限界効用と価格で消費が決まることを学ぶ。　→ p.68
2. 予算の制約による家計の選択について学ぶ。　→ p.75
3. 効用と無差別曲線による家計の行動について知る。　→ p.80
4. 右下がりの需要曲線が描ける理由を学ぶ。　→ p.87

レクチャー 3.1　限界効用と価格

● 需要と供給の世界

中学校の『公民』と高校の『政治経済』の教科書に，図 3.1 のような図が掲載されていたことを覚えていますか。これは，需要と供給の図です。

ある市場があるとき，その市場で取引される財・サービスの数量と価格があります。図 3.1 の横軸に数量，縦軸に価格をとります。通常，**需要曲線**は右下がり，**供給曲線**は右上がりで描かれます。

この市場がミカン市場ならば，需要曲線はミカンを消費する家計の行動，供給曲線はミカンを生産する農家の行動を表現しています。ここで曲線とは，直線を含む概念なので，図 3.1 の需要曲線と供給曲線が，直線で描かれていても，特に気にしないでください。市場において，需要曲線と供給曲線が交わる**均衡点**において，**均衡価格**と**均衡数量**が決定されます。

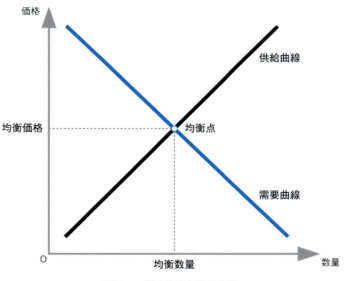

図 3.1　需要曲線と供給曲線

しかしながら，どうして需要曲線は右下がりで描かれるのでしょうか。または，なぜ供給曲線は右上がりで描かれるのでしょうか。均衡点で経済は，どのような状態になっているのでしょうか。均衡点は，経済にとって望ましい状態

なのでしょうか。

　中学校や高校の授業を受けていたとき，そのようなことを考えた人はおられますか。当時の学校の先生は，そこまで教えてくれたでしょうか。少なくとも，中学校の『公民』と高校の『政治経済』の教科書には，需要曲線が右下がりになる理由，供給曲線が右上がりになる理由は詳しく書かれていません。もちろんそれは，教科書の紙面の都合によるものでしょう。

　しかし，<u>経済学を学ぶには，需要曲線が右下がり，供給曲線が右上がりに描かれる理由について知ることが必要です。</u>本章では，どうして通常の需要曲線が右下がりに描かれるのか，これを明らかにしてゆきます。

　そのためには，まずは財・サービス市場での需要曲線を想定して，消費する経済主体である家計の経済行動について学びます。

● 家計は意思決定主体

　普段の私たちは，「**家計**」という言葉を，どのように使っているでしょうか。「家計が厳しい」というときは，その世帯の金銭面のやりくりが厳しい状況にあることを意味しています。したがって，日常生活で使う「家計」は，世帯が生活するための収入と支出の状況を指しています。

　しかしながら，経済学における家計の意味は，日常生活で使う「家計」がもつ世帯の金銭面の状況だけにとどまりません。第1章でも第2章でも学んだように，家計は**経済主体**の一つです。

　たとえば，経済循環（第2章 p.61 参照）における家計は，財・サービス市場において消費し，生産要素市場において労働や資本といった生産要素を供給する経済主体として描かれていました。また家計は，生産要素の供給によって得た所得を用いて，財・サービスを消費していました。

　私たちが暮らしている日本の社会では，家計はある程度，自由に意思決定できていると考えられます。たとえば，一定の所得をもつ家計が，その所得を使って，何を買うのか，どこまで買うのか，どこまで貯蓄するか，といったことを，ほとんどの家計は経済主体として自発的に決めています。また家計は，所得を得るために，どこまで働くか，どこまで余暇を楽しむか，といった時間の選択も，自発的に選択しています。

　このように，意思決定主体として家計をとらえたとき，私たちの身の回りの

家計は，具体的にはどのように観察されるでしょうか。通常の家計は，世帯という単位で区分されています。

個人が一人暮らしをしている世帯，すなわち単身世帯は，その個人が家計として意思決定をしているという意味で，家計＝個人だと考えられます。この場合は，個人の意思決定が，家計の意思決定と同じになります。

それでは，複数人の個人が同じ家に住んでいる家族世帯はどうでしょうか。親と子どもが同居したり，夫婦が同居することで，家族世帯が形成されます。この場合，家族世帯が家計です。家族世帯としての意思決定が，家計の意思決定になります。

家族世帯の場合は，家族のなかで個々人の意思決定が調整されています。夫婦世帯ならば，夫がどれだけ働き，妻がどれだけ働くか，子どもがいる家族世帯ならば，子どもを含めた消費をどの程度にするか。家族世帯でも，日々の生活において，家族世帯の所得や資産，消費の状況をみて，様々な意思決定がなされています。

もっと具体的にいえば，時給いくらのアルバイトをするか，働き続けるかどうか，健康のために煙草をやめるかどうか，今夜は外食にするかどうか，子どもを塾に1週間に何日通わせるか，朝にコーヒーを飲むかどうか，深夜まで起きてテレビを見るかどうか……，これらはすべて家計の経済行動です。<u>日々の生活は家計にとって選択の連続です。</u>

このように，家計の選択は様々になされていますが，本章では，家計の意思決定を取り上げます。家計の消費行動について検討することで，通常の需要曲線が右下がりになることを確認しましょう。

● 経済学の限界概念

通常の需要曲線が右下がりになる理由を知るためには，経済学の<u>限界概念</u>を知ることが大切です。みなさんは，「限界」という言葉を，どのように理解していますか。国語辞典で「限界」を調べてみると，「これ以上，または，これより外には出ることができない，ぎりぎりの範囲，限りのこと」のように表記されています。

しかしながら，この「限界」の意味は，経済学で用いる限界概念とは異なるのです。一般的に，私たちが使っている「限界」は，英語では"limit"に相当

レクチャー 3.1 限界効用と価格

します。一方，経済学の限界概念は，英語では"marginal"を用いますが，これは英和辞典によれば「微少な変化」という意味です。

私たちが普段の生活で使う「限界」と，経済学の限界概念の意味が異なることは，経済学の学習の障害になっていることは間違いないのですが，皆さんは区別して理解してください。

「微少な変化」である経済学の限界概念ですが，家計の消費行動と，どのように関係しているのでしょうか。先ほど，「日々の生活は家計にとって選択の連続」だと書きました。選択する瞬間こそ，「微少な変化」であり，限界概念に相当するのです。以下で，具体的に考えてみましょう。

> 1. イタリアンのレストランで，Q君は500円のパスタと200円のサラダを食べたが，食後に1杯100円のコーヒーを注文するかどうか，いま，悩んでいる。
> 2. スーパーマーケットで買い物中のRさんは，今日の食事が準備できる食材をカゴに入れたものの，追加で1本200円のビールを買うかどうか，いま，悩んでいる。

以上の2つのケースは，いずれも家計の消費行動ですが，ともに共通しているのは，「いま，悩んでいる」ことです。Q君とRさんは，何に悩んでいるのでしょうか。それは，何かを追加的に選択すべきか，です。この2つのケースでいえば，Q君は1杯100円のコーヒーを飲むべきか，Rさんは1本200円のビールを買うべきか，となります。2人とも，「微少な変化」について，「いま，悩んでいる」のです。

よく考えれば，私たちの行動は，すべて「微少な変化」である選択の積み重ねだということが，わかります。Q君はイタリアンのレストランで，500円のパスタを選び，200円のサラダを選び，いま，1杯100円のコーヒーを選ぶことを検討中です。レストランを選ぶときには，イタリアンにするか，中華料理にするか，和食にするか，もしくは食べないか，選択していたことでしょう。同じように，Rさんのカゴの中にある個々の食材は，連続した選択の結果ですし，どのスーパーマーケットに行くか，または行かないか，という選択もあっ

たはずです。

● 右下がりの限界効用曲線

　家計の消費行動を「微少な変化」という限界概念でとらえるならば，家計はどのようにして，消費するか，しないかを選択するのでしょうか。先ほどのQ君とRさんのケースで考えてみます。いま，Q君は1杯100円のコーヒーを，Rさんは1本200円のビールを選択するかどうか，悩んでいました。

　このとき，Q君が1杯のコーヒーを，Rさんが1本のビールを飲めば，彼らは何を得るでしょうか。「おいしい！」と思う気持ちでしょう。「ほっとする」という気持ちかもしれません。経済学では，家計の主観的な満足度を効用という概念でとらえます。なお，効用は主観的な満足度なので，Q君とRさんの効用を比較することはできません。

　効用は，消費することで得られる満足度ですが，限界概念で満足度をとらえる場合は，1杯のコーヒーや1本のビールがもたらす効用の「微少な変化」が重要になります。Q君が1杯のコーヒーを飲むとき，または，Rさんが1本のビールを飲むとき，この2人は限界的な効用を得ているのです。これを**限界効用**とよびます。

　一般的に限界効用は，財・サービスの消費が増えるほど，低下すると考えられます。1杯，2杯，3杯，4杯……のようにコーヒーの消費量が増えたときに，Q君の限界効用はどのように動くでしょうか。

　Q君がいかにコーヒー好きでも，1杯目の限界効用がもっとも高く，2杯目は少し下がり，3杯目はさらに低下し，4杯目はもっと低下してしまうと考えられます。これを**限界効用逓減**とよびます。以降，限界効用逓減を前提として話を進めます。

　限界効用逓減を前提とし，横軸をコーヒーの数量（杯），縦軸を限界効用として，Q君がコーヒーを飲んだときの限界効用を**図3.2**に矢印で描きます。1杯目（D点）の限界効用は高いですが，2杯目（E点）は小さくなり，3杯目（F点）はより小さくなり，4杯目（G点）はゼロになります。

　この限界効用を曲線で結べば，右下がりの**限界効用曲線**が描けます。限界効用曲線は，消費する財・サービスの数量（横軸）が増えるほど，限界効用（縦軸）が減ってゆく関係になります。

レクチャー 3.1 限界効用と価格　　　　73

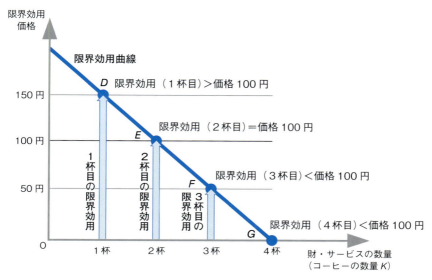

図 3.2　Q 君のコーヒー消費に対する限界効用曲線

　さて，逓減する限界効用のもとで，Q 君は何杯までコーヒーを飲むでしょうか。限界効用が正である限り，Q 君はコーヒーを飲み続けることで，効用，すなわち満足度を得ることができます。したがって，図 3.2 によれば，4 杯目において限界効用はゼロになるので，Q 君は 4 杯までコーヒーを消費することになります。コーヒーが無料ならば，Q 君は 4 杯までコーヒーを飲みます。

● 限界効用＝価格で消費が決まる

　ただし，いま，コーヒーは 1 杯 100 円でした。100 円はコーヒー 1 杯の価格です。コーヒーが無料ならば Q 君は 4 杯まで飲みますが，コーヒーが 1 杯 100 円のとき，Q 君は何杯までコーヒーを飲むでしょうか。

　コーヒー 1 杯につき，Q 君には 100 円の金銭的な負担が生じます。したがって Q 君は，コーヒー 1 杯から得られる限界効用と，コーヒー 1 杯で失う 100 円の価値を主観的に比較して，飲むべきコーヒーの数量を決定することになります。図 3.2 の縦軸は限界効用と同時に，価格も示しています。

　コーヒーの数量を K とし，K 杯目の限界効用を「限界効用（K 杯目）」のように示すとしましょう。Q 君が 1 杯目のコーヒーを飲んだときは，1 杯目のコーヒーから得る限界効用（1 杯目）のほうが価格 100 円よりも大きいため，

限界効用（1杯目）＞価格 100 円

が成り立っています。図 3.2 では D 点です。このとき，1杯を超えてコーヒーを飲んだほうが，効用を高めることができます。

　Q 君が 2 杯目のコーヒーを飲んだときは，2 杯目のコーヒーから得る限界効用（2 杯目）と価格 100 円がちょうど釣り合い，

　　限界効用（2杯目）＝価格 100 円

が成り立っています。図 3.2 では E 点です。このとき，限界効用と価格は等しくなりました。そのため，Q 君はコーヒーを 2 杯までは飲みます。

　Q 君はコーヒーを 2 杯まで飲みますが，もし 3 杯目まで飲めば，どのようになるでしょうか。Q 君が 3 杯目のコーヒーを飲んだときは，

　　限界効用（3杯目）＜価格 100 円

が成り立っています。図 3.2 では F 点です。このとき，限界効用は価格 100 円を下回っています。つまり，3 杯目のコーヒーから得る限界効用（3 杯）は，価格 100 円よりも低く，Q 君はコーヒーを 3 杯まで飲むことはありません。これは，限界効用（4 杯目）の G 点も同様です。

　以上から，限界効用（K 杯目）と価格が等しくなる K 杯まで，Q 君はコーヒーを飲み続けます。図 3.2 によれば，価格 100 円と限界効用曲線が交わる E 点において，Q 君は 2 杯のコーヒーを飲むことになります。

　Q 君は，コーヒーの価格が 100 円ならば，2 杯のコーヒーを消費します。ここで，コーヒーの価格が 50 円になったら，Q 君はどうするでしょうか。図 3.2 で考えるならば，Q 君の限界効用曲線と 50 円の価格が交わる F 点は，3 杯のコーヒーの消費となります。反対に，コーヒーの価格が 150 円ならば，Q 君の限界効用曲線と交わる D 点では，1 杯のコーヒーの消費となります。

　したがって，コーヒーの価格が，50 円ならば 3 杯（F 点），100 円ならば 2 杯（E 点），150 円ならば 1 杯（D 点）となります。これが Q 君のコーヒーの需要です。<u>Q 君に対して，様々な価格を提示したとき，Q 君は限界効用曲線に沿ってコーヒーの消費量を示します。これが需要曲線です。</u>

　限界効用逓減のもとでは，需要曲線は右下がりになります。すなわち，<u>限界

効用曲線が需要曲線を示しているのです。そして，Q 君の支出（＝価格×消費量）も，需要曲線に沿って決まります。図 3.2 の D 点は 150 円（＝150 円×1 杯），E 点では 200 円（＝100 円×2 杯），F 点では 150 円（＝50 円×3 杯）となります。

レクチャー 3.2　予算の制約

● 家計の予算制約を表現してみる

　ここまでは，Q 君がコーヒーを消費するという単純な **1 財モデル**（本章 p.76 **コラム 3.1** 参照）を使って，需要曲線が右下がりであることを考えてきました。Q 君にとって，何杯のコーヒーを飲むかが，選択すべき問題でした。コーヒーは，Q 君が選択できる唯一の財でした。

　ただし，世の中には，コーヒーだけでなく，もっと多くの財・サービスがあります。Q 君は，コーヒーのみならず，紅茶も，ビールも，ウーロン茶も，選べたはずです。通常の家計は，多くの財・サービスのなかから，どの財・サービスを消費するか，選択しながら生活をしています。

　そこで本節では，2 つの財・サービスが存在する **2 財モデル**において，家計の消費行動を検討し，通常の需要曲線が右下がりになることを確認します。

　家計の消費の対象となる財・サービスは，私たちの身の回りに多数あります。家計は，限られた**所得**をもとに，多数の財・サービスのなかから，生活に必要と考える財・サービスを選択し，その消費量を選んでいます。もちろん，どんなにお金持ちでも，家計の所得には限りがあるので，無限には消費できません。ここでは，家計がどのようにして財・サービスの消費量を選ぶのか，考えてみましょう。

　A 君という人がいるとします。A 君は所得 1,000 円をもち，リンゴとミカンの 2 つの財を消費できるとします。単純化のため，A 君は貯蓄をせず，すべての所得をリンゴとミカンの消費に充てると考えます。また，この世界には，リンゴとミカンの 2 つの財しか存在せず，A 君はリンゴとミカンが大好きだと考えます。

　さて，A 君は，所得 1,000 円を使って，リンゴとミカンをどれくらい消費するのでしょうか。この問題を解くには，まだ情報が足りません。必要な情報は

リンゴとミカンの価格です。リンゴとミカンの価格は，それぞれの市場によって決められているとします。

ここで，A君がリンゴとミカンを消費することで，それぞれの価格には影響しないと考えます。もし，A君がリンゴとミカンを大量に購入でき，それぞれの市場に影響を与えるほどの力があれば，価格が変化してしまうかもしれません。たとえば，リンゴを大量に買い占める家計が出てくると，市場でのリンゴの価格は上がると考えられます。ここでは，A君は，そのような影響力をもっていないことを前提とします。

コラム3.1　経済学のモデルとは

「モデル」という言葉を聞いて，皆さんは何を思いつきますか。ファッションモデル，プラモデル，モデルルーム……。いろいろありますね。『三省堂国語辞典（第7版）』で「モデル」を調べると，「①型。型式。②模型。③手本。模範。範型。④その現象を説明するために，模型のように単純化してわかりやすくしたもの。⑤文学作品の人物の素材になる人。……」のように出てきます。

経済学のモデルは，「④その現象を説明するために，模型のように単純化してわかりやすくしたもの」に相当します。これには「模範・手本」といった意味も込められています。

いま，大型ロボットを製作するプロジェクトがあるとします。このとき，最初から大型ロボットを造り始める人はいないでしょう。まずは設計図を作成し，コンピューター上でロボットの姿や動きをCGなどで確認したり，さらには小さいロボットを作成するなど，大型ロボットがうまく動くかどうか，事前にテストするほうが無難です。

経済学は経済を考察の対象にしています。実際の経済は非常に複雑で，日々，変化しています。しかも，化学のような実験を行うことは困難です。そのために経済学では，実際の経済で重要だと思われる要因を取り出して，簡潔なモデルをつくります。そのモデルによって，家計や企業の行動を表現するのです。

単純化していえば，大型ロボット（実際の経済）の製作は難しいので，プラモデル（経済学のモデル）を作成し，そのプラモデルを動かすことで，大型ロボットの動きを説明するという方法です。たとえば，第3章と第4章では家計の行動，第5章では企業の行動について，経済学のモデルを使って説明がなされます。

さて,それぞれの市場において,リンゴは100円,ミカンは50円だとしましょう。また,リンゴはX個,ミカンはY個として数えるとします。このとき,A君の所得と消費の関係は,次の**予算制約式**として表現できます。

所得1,000円＝リンゴの価格100円×リンゴX個
　　　　　　＋ミカンの価格50円×ミカンY個

● **家計の予算制約線を描いてみる**

A君の予算制約式を図に表現してみましょう。図3.3をご覧ください。X軸にリンゴの個数X,Y軸にミカンの個数Yをとります。

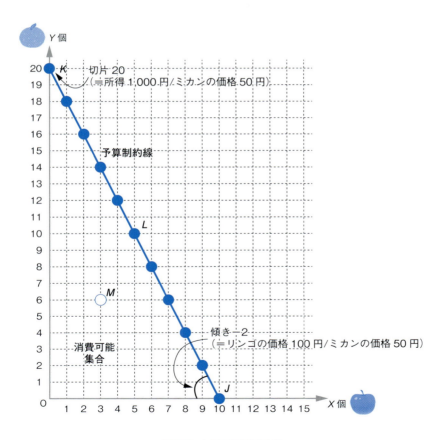

図3.3　A君の予算制約線

まず，A君が所得1,000円でリンゴだけを買うと考えます。この場合，リンゴの個数は10個（＝1,000円÷100円）です。ミカンは0個なので，（リンゴ，ミカン）は（10個，0個）の組み合わせとなり，J点となります。次に，A君がミカンだけを買うと考えます。この場合，ミカンの個数は20個（＝1,000円÷50円）となります。リンゴは0個なので，（リンゴ，ミカン）は（0個，20個）の組み合わせとなり，K点となります。

図3.3のJ点とK点を線で結べば，**予算制約線**を描くことができます。図3.3の予算制約線では，J点とK点の組み合わせだけではなく，J点とK点以外の組み合わせも示しています。たとえば，L点（5個，10個）のように，●点で示されたすべての組み合わせが，予算制約線上にあります。

リンゴとミカンを包丁で細かく切り分けることができるとすれば，●点だけでなく，予算制約線上にあるすべてのリンゴとミカンの組み合わせを，A君の家計の所得1,000円で買うことができます。予算制約線上の個数の組み合わせで，所得1,000円を使い切ることが確認できます。たとえばL点（5個，10個）では，リンゴの価格100円×リンゴ5個＋ミカンの価格50円×ミカン10個＝1,000円となります。

一方，M点（3個，6個）のように，予算制約線と原点Oに挟まれた領域にある個数の組み合わせも，A君の家計の所得1,000円で買うことができます。しかし，これらの組み合わせでは，所得1,000円は使い切れません。たとえばM点（3個，6個）では，リンゴの価格100円×リンゴ3個＋ミカンの価格50円×ミカン6個＝600円＜1,000円となります。

図3.3の原点O，点K，点Jを結んでできる△OKJは，家計が消費することができる個数の組み合わせです。その意味で，△OKJは**消費可能集合**とよばれます。

● 一般化した予算制約式

図3.3は，X軸がリンゴの個数X，Y軸がミカンの個数Yとして描かれています。このことから，予算制約式を簡単化して示してみます。

$$1,000 = 100X + 50Y$$

ここから，もし$X=0$ならば$Y=20$となってK点（0個，20個）が，もしY

=0 ならば $X=10$ となって J 点（10 個，0 個）が実現することが分かります。

さらに，ミカンの個数 Y を左辺にして整理すれば，次のようになります。

$$Y = -\frac{100}{50}X + \frac{1,000}{50} = -2X + 20$$

すなわち，図 3.3 の予算制約線は，傾き -2，Y 切片 20 の 1 次関数です。傾き -2 は，リンゴの価格 100 円÷ミカンの価格 50 円にマイナスをつけて計算されています。また，Y 切片 20 は，図 3.3 の K 点（0 個，20 個）に対応していることを確認しましょう。

ここで，家計の予算制約式を，より一般化して表現してみます。すなわち，リンゴの価格（Price）を P_X，ミカンの価格を P_Y，所得を I（Income）とします。このとき，一般化した家計の予算制約式は次のように書けます。

$$I = P_X X + P_Y Y$$

左辺は所得 I，右辺は消費です。この予算制約式を，図 3.3 の縦軸のミカンの個数 Y を左辺として整理すれば，次のようになります。

$$Y = -\frac{P_X}{P_Y}X + \frac{I}{P_Y}$$

ここから家計の予算制約線は，所得 I，価格 P_X，P_Y によって，動くことがわかります。

復習

(1) 家計の主観的な満足度が [　　　] であり，1 単位の消費量が増えたときの満足度の増加を限界概念でとらえたものが [　　　] である。

(2) 限界効用逓減を前提とすれば，縦軸を限界効用，横軸を財・サービスの数量とするとき，右下がりの [　　　] 曲線が描かれ，限界効用が [　　　] と等しいところで，財・サービスの消費量が決定される。

(3) 2 つの財・サービスを消費できる家計に所得が与えられれば，縦軸と横軸にそれぞれの財の数量をとった図に [　　　] 線を描くことができる。

(4) 2 つの財・サービスの価格と家計の所得によって，[　　　] 式が表現できる。

レクチャー 3.3　効用と無差別曲線

● 家計の効用

図 3.3 では，予算制約線上に無数にあるリンゴとミカンの組み合わせを，A君は選ぶことができます。とはいえ，無数にある組み合わせのなかで，A君は，どの組み合わせを選ぶべきでしょうか。

家計がリンゴとミカンの個数の組み合わせを選ぶときに，考えるべきことは，家計がリンゴとミカンを消費するときに，どれだけ満足するかです。家計の満足度が**効用**（Utility）です。

一般的に，リンゴの個数 X とミカンの個数 Y と効用 U の関係が，

$U = U(X, Y)$

として書くことができるとします。これは**効用関数**とよばれます。消費が増えれば，効用も高まります。A君の効用が，リンゴの個数 X とミカンの個数 Y によって表現できるとしましょう。たとえば，

$U = X \times Y$

のように，A君の効用の水準が示されると考えます。すなわち，リンゴ3個とミカン6個，すなわち（3個，6個）ならば，A君の効用 U は18（＝3×6）です。ここで，A君の満足度を数字で表現することや，リンゴの個数 X とミカンの個数 Y のかけ算で効用 U が表現できることは，単純化のための仮定です。

それでは，A君の予算制約線上のリンゴの個数とミカンの個数の組み合わせにおいて，効用を実際に計算してみましょう。表 3.1 には，予算制約線上のリンゴの個数とミカンの個数の組み合わせをもとに，A君の効用 U を計算しています。

表 3.1　予算制約線上のリンゴの個数とミカンの個数とA君の効用

リンゴの個数 X	0	1	2	3	4	5	6	7	8	9	10
ミカンの個数 Y	20	18	16	14	12	10	8	6	4	2	0
効用関数 $U = X \times Y$	0	18	32	42	48	50	48	42	32	18	0

表 3.1 より分かることは，(5 個, 10 個) の組み合わせにおいて，A 君の効用 U は 50 で最大になることです。したがって，予算制約線上にある，リンゴの個数とミカンの個数の無限の組み合わせで，もっとも効用の高い組み合わせを選ぶならば，(5 個, 10 個) であることが分かります。

● **予算制約と効用**

このことを図 3.4 に示してみます。予算制約線上に，A 君の効用の水準を数字で示してみます。たとえば，(1 個, 18 個) ならば⬜18，(2 個, 16 個) ならば⬜32 のように，⬜のなかに効用の水準を記入しています。

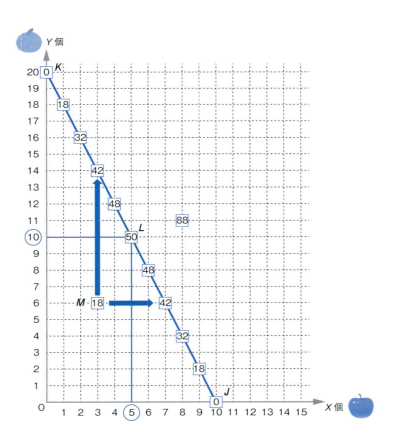

図 3.4　A 君の予算制約線と効用

表 3.1 で確認したように，図 3.4 の予算制約線上の（5 個，10 個）の組み合わせ L 点において，最大の効用 U である 50 が達成されています。したがって，A 君はリンゴ 5 個とミカン 10 個を選択します。

なお，図 3.4 には，（3 個，6 個）で効用 U は 18 となる組み合わせ M 点についても，図示しています。M 点が消費可能集合に含まれることから，A 君は（3 個，6 個）を消費可能ですが，この組み合わせには問題があります。M 点は予算制約線の内側にあり，（3 個，6 個）は 600 円（＝ 100 円 × 3 個 ＋ 50 円 × 6 個）なので，400 円（＝ 1,000 円 － 600 円）だけ所得は余ります。

A 君は貯蓄を行わないことが前提でした。そのため，所得が余るならば，それは利用可能な資源を使っていないことになります。M 点の組み合わせは，資源配分の観点から非効率なのです。余った所得で，より多くのリンゴとミカンを消費し，効用を高めることができるからです。

M 点は（3 個，6 個）で効用は 18 ですが，リンゴ 3 個のまま，ミカンを増やして（3 個，14 個）とすれば効用は 42 です。もしくは，ミカン 6 個のまま，リンゴを増やして（7 個，6 個）とすれば効用は 42 です。

以上のことから，予算制約線 JK 上にあるリンゴとミカンの組み合わせが，利用可能な所得を余らせないという意味で効率的です。とはいえ，予算制約線 JK 上の組み合わせも無限にあります。そこで，A 君の効用を最大にできる組み合わせを選ぶことが，A 君にとって望ましいことになります。

図 3.4 で考えれば，予算制約線 JK 上の L 点，すなわち（5 個，10 個）が，予算制約線上にあり，最大の効用である 50 を A 君にもたらすという意味で，最適な組み合わせです。結果として，A 君は，リンゴ 5 個，ミカン 10 個を消費することになります。予算制約線 JK 上の効用をすべて計算することで，A 君の最適な消費の組み合わせを得ることができました。

● **家計の効用と無差別曲線の関係**

図 3.4 では，A 君の効用を実際に計算してみましたが，別の角度から A 君の効用について検討してみましょう。ここで考えたいのは，同じ効用となる消費の組み合わせです。

たとえば，効用 $U(=X \times Y)$ が 18 になるリンゴの個数 X とミカンの個数 Y の組み合わせは，（3 個，6 個）の他にもあります。たとえば，（1 個，18 個），

(2個,9個),(6個,3個),(9個,2個),(18個,1個)です。これらは,すべて同じ効用 U が 18 となる組み合わせです。

また,効用 U が 48 になるリンゴとミカンの組み合わせも複数あります。たとえば,(3個,16個),(4個,12個),(6個,8個),(8個,6個),(12個,4個),(16個,3個)です。

以上の組み合わせを図 3.5 に示してみましょう。効用 U が同じ 18 になる組み合わせの点に, 18 のような記号をつけてゆきます。同様に,効用 U が同じ 48 になる組み合わせの点に, 48 のような記号をつけてゆきます。

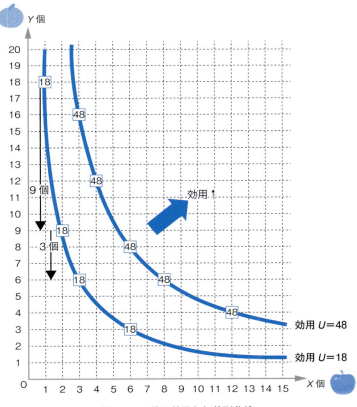

図 3.5　A君の効用と無差別曲線

ここで,リンゴとミカンを包丁で細かく切り刻むことができるとしましょう。同じようなことは,予算制約線を図示するときも考えました。たとえば,リンゴ 5 個とミカン 3.6 個は,5×3.6=18 なので効用 U は 18 となりますが,こ

の場合はミカンを切り分けていることになります。そうすれば、効用 U が 18 になる組み合わせを、点でなく線で描くことができます。

図 3.5 には、効用 U が 18 となる組み合わせを示す曲線と、効用が 48 となる組み合わせを示す曲線が描かれています。ここで描いた曲線を**無差別曲線**とよびます。無差別曲線とは、家計の効用が同じになる消費の組み合わせを描いた曲線です。同じ効用をもたらすため、たとえば（3 個，16 個）と（4 個，12 個）は、ともに効用が 48 で無差別になるという意味です。

● **無差別曲線の形の特徴**

図 3.5 にある無差別曲線の形には、次のような特徴があります。

第 1 に、通常の無差別曲線は、原点（0 個，0 個）に向かって凸型になります。（1 個，18 個）で効用 U が 18 のとき、この効用を維持しつつ、リンゴを 1 個増やせば、ミカンは 9 個減って（2 個，9 個）となります。(1)（1 個，18 個）から（2 個，9 個）へ移るとき、リンゴは 1 個増えますが、ミカンは 9 個減ります。同様に効用 U を 18 で維持しつつ、(2)（2 個，9 個）から（3 個，6 個）へ移るとき、リンゴは 1 個増えますが、ミカンは 3 個減ります。

(1)（1 個，18 個）から（2 個，9 個），(2)（2 個，9 個）から（3 個，6 個）へ組み合わせが変わる場合、どちらもリンゴは 1 個だけ増えているのに、ミカンは (1) 9 個，(2) 3 個、減らす必要があります。つまり、効用を維持するならば、リンゴが 1 個に対して、ミカンを減らす個数が、徐々に減ることがわかります。これが、無差別曲線が原点（0 個，0 個）に向かって凸型になる意味です。

第 2 に、無差別曲線は原点（0 個，0 個）に近いほど効用は低く、原点から遠いほど、効用は高くなります。原点に近いほど、リンゴとミカンの個数は少なくなるため、効用は低くなります。反対に、原点から遠いほど、リンゴとミカンの個数は増えることから、効用は高くなります。すなわち、図 3.5 の右上にいけばいくほど、無差別曲線の効用は高くなります。

第 3 に、効用が異なる 2 本の無差別曲線は、交わることは決してありません。もし、異なる効用の 2 本の無差別曲線が交われば、その 2 本の無差別曲線の効用は同じとなるはずです。しかし、もともと効用が異なる 2 本の無差別曲線なのに、同じ効用となることは、明らかに矛盾しています。そのため、効用が異

なる2本の無差別曲線は，決して交わりません。

● **予算制約線と無差別曲線の接点で消費が決まる**

ここまでは，予算制約線上の効用（図3.4）と無差別曲線上の効用（図3.5）を計算してみました。A君は，予算の制約のもとで，効用を最大にするような，リンゴとミカンの個数の組み合わせを選ぶことになります。

したがって，予算制約線と無差別曲線を合わせて考えることになります。図3.6では，これまでと同じ予算制約線に，3本の無差別曲線が重ねて描かれています。

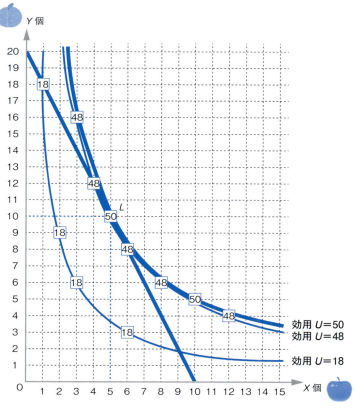

図3.6　A君の予算制約線と無差別曲線（1）

表3.1と図3.4では，（5個，10個）のときに効用 U が 50 と最大になることが分かっていました。しかしながら，図3.5に描かれた2本の無差別曲線に

おいては，効用 U が $\boxed{50}$ となる組み合わせはありませんでした。

そこで図 3.6 では，3 本目の無差別曲線を追記しています。その無差別曲線は，予算制約線と 1 点で接するように描かれています。その 1 点の L 点こそが，効用 U が $\boxed{50}$ となる（5 個，10 個）の組み合わせです。この無差別曲線は，効用 $U=50$ となるリンゴとミカンの組み合わせを結んで描かれています。

以上をまとめます。$U=X\times Y$ という効用関数をもつ家計が，1,000 円の予算制約のもとで，1 個 100 円のリンゴ，1 個 50 円のミカンを消費するとき，効用が最大となるリンゴとミカンの個数の組み合わせを求めることが，ここでの問題です。

家計は効用を最大化するように，リンゴとミカンの組み合わせを選びます。これが家計の**効用最大化行動**です。図 3.6 にあるように，予算制約線と無差別曲線が接する L 点が，A 君の効用を最大にできるリンゴとミカンの組み合わせとなります。

● 様々な効用関数の形

ところで，無差別曲線の形状は，効用関数に依存します。表 3.1 と図 3.4 では，$U=X\times Y$ という形の効用関数を想定していましたが，家計によっては，効用関数の形が違うかもしれません。たとえば，$U=X^2\times Y$ や，$U=X\times Y^2$ のような形かもしれません。

効用関数の形を変えたときに，家計の効用がどのように変わるのかについて，調べてみましょう。表 3.2 では，表 3.1 と同じように，予算制約式 $1,000=100X+50Y$ のもとでリンゴの個数 X とミカンの個数 Y の組み合わせをつくり，そのときの効用 U を計算しています。

その際，効用関数 $U=X\times Y$ をもつ A 君，効用関数 $U=X^2\times Y$ をもつ B さん，効用関数 $U=X\times Y^2$ をもつ C 君を考えます。3 つの効用関数の効用を表 3.2 に計算しています。A 君の場合，もっとも高い効用は $\boxed{50}$ であり，そのときのリンゴとミカンの個数の組み合わせは（5 個，10 個）です。しかし，B さんと C 君の場合は，A 君とは異なる組み合わせで効用が最大になることが分かります。

B さんでは（7 個，6 個）で効用 U は最大の $\boxed{294}$，C 君では（3 個，14 個）で効用 U は最大の $\boxed{588}$ となります。したがって，効用関数の形が変われば，

表 3.2 予算制約線上のリンゴの個数とミカンの個数と効用

リンゴの個数 X	0	1	2	3	4	5	6	7	8	9	10
ミカンの個数 Y	20	18	16	14	12	10	8	6	4	2	0
A君：$U=X\times Y$	0	18	32	42	48	50	48	42	32	18	0
Bさん：$U=X^2\times Y$	0	18	64	126	192	250	288	294	256	162	0
C君：$U=X\times Y^2$	0	324	512	588	576	500	386	252	128	36	0

最大の効用を得ることができる消費の組み合わせは変わってきます。

繰り返しますが，家計によって，効用関数の形は違います。このことは，私たちの消費に好み，すなわち嗜好があることからも分かります。たとえば，BさんはA君やC君よりも，リンゴが好きなのでリンゴを多めに消費します。反対に，C君はBさんやA君よりもミカンが好きなのでミカンを多めに消費します。

なお，A君，Bさん，C君の最大の効用を比較すれば，A君が 50 ，Bさんが 294 ，C君が 588 です。ここで，C君の満足度が，A君やBさんよりも高いと考えることは，間違っています。そもそも，効用関数の形が異なりますので，家計間の効用の比較はできません。異なる効用関数をもつ家計間の効用の高低は比較できないのです。この点は注意しなければなりません。

比較できるのは，ある家計と他の家計の効用ではなく，同じ家計において，消費の組み合わせが変わった場合の効用です。表 3.2 で示せば，たとえばBさんの効用関数 $U=X^2\times Y$ において，（2個，16個）のときは 64 ，（3個，14個）のときは 126 で，後者の組み合わせの効用が高いです。このように，同じ家計において，リンゴとミカンの個数を変えた場合の効用の比較はできます。

レクチャー 3.4　右下がりの需要曲線

● リンゴの価格を変えたときの予算制約式

本章の目的は，図 3.1 の需要曲線が，どうして右下がりになるかを考えることでした。前節まで，予算制約線と無差別曲線について考えてきましたが，これらを用いて，需要曲線が右下がりになることを示してみましょう。

再び，所得 1,000 円，ミカンの個数 X ，リンゴの個数 Y として，予算制約

式を考えます。ミカン1個の価格 P_Y は50円で変わらないとしますが、リンゴ1個の価格 P_X は変化するとします。

すなわち、リンゴ1個の価格が変化したときに、A君が消費するリンゴの個数が、どのように変化するかをみてゆきます。A君のリンゴの需要曲線は、価格が与えられたときのA君のリンゴの消費量を示しています。もし、リンゴの価格が下がった（上がった）ときに、リンゴの個数が多く（少なく）なれば、需要曲線は右下がりになります。

前節までの私たちの直感では、ある財の価格が下がれば、その財の消費は増えるはずです。ここでは、リンゴの価格が、200円、100円、50円となる3つのパターンを考えましょう。

第1に、リンゴ1個の価格 P_X が200円のときの予算制約式 $1,000 = 200X + 50Y$ を考えます（本章 p.77 参照）。これをミカンの個数 Y を左辺にして整理し、予算制約式①とします。

予算制約式① $\quad Y = -\dfrac{200}{50}X + \dfrac{1,000}{50} = -4X + 20$

第2に、リンゴ1個の価格 P_X が100円のときの予算制約式 $1,000 = 100X + 50Y$ を考えます。同様にミカンの個数 Y を左辺にして整理し、予算制約式②とします。

予算制約式② $\quad Y = -\dfrac{100}{50}X + \dfrac{1,000}{50} = -2X + 20$

第3に、リンゴ1個の価格 P_X が50円のときの予算制約式 $1,000 = 50X + 50Y$ を考えます。同様にミカンの個数 Y を左辺にして整理し、予算制約式③とします。

予算制約式③ $\quad Y = -\dfrac{50}{50}X + \dfrac{1,000}{50} = -X + 20$

以上のように、リンゴの価格が200円、100円、50円のときの3つの予算制約式を得ました。ここで注目したいのは、価格の変化にともなって、予算制約式がどのように変化したかです。

まず、予算制約式の傾きは、①が-4、②が-2、③が-1となっています。したがって、リンゴの価格 P_X が200円、100円、50円と下がるときに、予算制約式の傾きの絶対値は小さくなります。

次に,予算制約式の Y 切片は 20 で変化していません。Y 切片の意味は,すべての所得でミカンを買う場合でした。いま,ミカンの価格は 50 円で変わっていないため,Y 切片も 20 で変わることがなかったのです。

● **リンゴの価格を変えたときの無差別曲線**

それでは,3 つの予算制約式を図 3.7 に描いてみます。図 3.7 にある予算制約線①,予算制約線②,予算制約線③が,それぞれの予算制約式に対応しています。先に確認したように,予算制約線①の傾きは -4,予算制約線②の傾きは -2,予算制約線③の傾きは -1 で,Y 切片はいずれも 20 です。

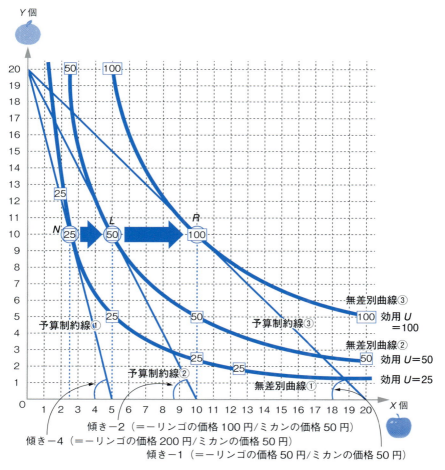

図 3.7 A 君の予算制約線と無差別曲線(2)

引き続き，A 君は効用関数 $U = X \times Y$ をもっているとします．3 つの予算制約線上の効用を計算することで，最大の効用を得ることができるリンゴとミカンの組み合わせを得ることができます．

先と同様に，（リンゴの個数，ミカンの個数）で A 君の消費量を表現します．予算制約線①の場合は，N 点（2.5 個，10 個）で最大の効用は $\boxed{25}$ です．予算制約線②の場合は，L 点（5 個，10 個）で最大の効用は $\boxed{50}$ です．予算制約線③の場合は，R 点（10 個，10 個）で最大の効用は $\boxed{100}$ です．

これらの最大の効用をもたらす 3 本の無差別曲線も図 3.7 に描くことができます．無差別曲線①は効用 $\boxed{25}$ を，無差別曲線②は効用 $\boxed{50}$ を，無差別曲線③は効用 $\boxed{100}$ を得ることができるリンゴとミカンの組み合わせです．無差別曲線が原点（0 個，0 個）から離れるほど，効用が高くなってゆきます．

リンゴの価格が 200 円のとき，予算制約線①と無差別曲線①が接する N 点（2.5 個，10 個）の組み合わせにおいて，A 君は最大の効用 $\boxed{25}$ を得ます．続いて，リンゴの価格が下落して 100 円になったとします．これによって予算制約線は①から②へ変化します．新たな予算制約線②と新たな無差別曲線②が接する L 点（5 個，10 個）において，A 君は最大の効用 $\boxed{50}$ を得ます．ここで注目したいことは，リンゴの価格が 200 円から 100 円に下落したとき，A 君が消費するリンゴの個数は，2.5 個から 5 個に増加したことです．財・サービスの価格が下落すれば，その財・サービスの消費量が増えることになります．さらに確認してみましょう．

リンゴの価格が 100 円のとき，予算制約線②と無差別曲線②が接する L 点（5 個，10 個）において，A 君は最大の効用 $\boxed{50}$ を得ます．ここで，リンゴの価格が 100 円から 50 円に下落したとします．これによって予算制約線は②から③へ変化します．新たな予算制約線③と新たな無差別曲線③が接する R 点（10 個，10 個）において，A 君は最大の効用 $\boxed{100}$ を得ます．

再び注目したいことは，リンゴの価格が 100 円から 50 円に下落したとき，A 君が消費するリンゴの個数は，5 個から 10 個に増加したことです．ここでも，財・サービスの価格が下落すれば，その財・サービスの消費量が増えることが確認できました．

このことは，逆でも成立するはずです．当初，50 円だったリンゴの価格が 100 円，200 円に上昇するならば，A 君のリンゴの消費量は，10 個，5 個，2.5

個に減少します。すなわち，財・サービスの価格が上昇すれば，その財・サービスの消費量は減少することになります。

● 右下がりのリンゴ需要曲線

リンゴの価格が変わるとき，A君のリンゴの消費量も変わることを確認しました。図 3.7 は，ミカンの価格と消費量も含めて描かれていたので，これらを省き，リンゴの価格と A 君のリンゴの消費量だけの図を描いてみます。図 3.8 は，リンゴの価格を縦軸にして，リンゴの数量を横軸にしています。

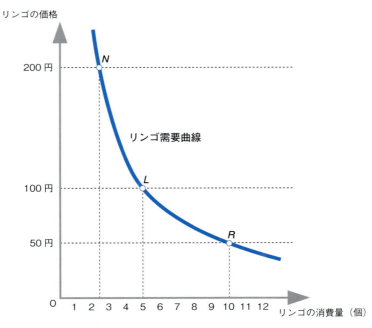

図 3.8　A 君のリンゴ需要曲線

A 君は，リンゴの価格が 200 円のときにリンゴ 2.5 個（N 点），100 円のときに 5 個（L 点），50 円のときに 10 個（R 点）を消費していました。これらを図 3.8 に ○ 点で示して曲線で結びます。これが A 君のリンゴ需要曲線です。

A 君のリンゴ需要曲線は，右下がりになっていることが示されました。右下がりの需要曲線が，何を意味しているのか，いま一度，確認しておきましょう。このリンゴ需要曲線は，リンゴの価格が提示されたとき，A 君が消費するリン

ゴの消費量（個数）を意味しています。すなわち，下記のようなリンゴの**需要関数 D** を表現したものになっています。

$$\text{リンゴの消費量 } Y(\text{個数}) = \text{需要関数 } D(\text{リンゴの価格})$$

つまり，リンゴの価格（右辺）が決まれば，A 君のリンゴの消費量（左辺）が決まるという関係です。

そして，需要曲線に沿って A 君の支出も決まります。図 3.8 の N 点では 500 円（＝200 円×2.5 個），L 点では 500 円（＝100 円×5 個），R 点でも 500 円（50 円×10 個）となります。

思い出したいことは，需要曲線によって選ばれたリンゴの消費量は，A 君の予算内で消費できる数量になっていることです。さらに，需要曲線によって選ばれたリンゴの消費量では，A 君の効用は最大になっており，最適化行動によって選ばれていることです。

復習

（1）家計が 2 つの財・サービスから満足度を得るとき，2 つの財・サービスの消費量が家計の効用を決定する関係式として，　　　　関数を表現できる。

（2）2 つの財・サービスの数量を縦軸と横軸にとった場合に，同じ効用を得ることができる財の組み合わせを結ぶことで，　　　　曲線を得ることができる。

（3）予算制約線に　　　　曲線が 1 点で接する財・サービスの組み合わせにおいて，家計は最大の効用を得ることができる。

（4）2 つの財・サービスのうち，1 つの財・サービスの価格を動かしたときの消費量の変化を観察し，縦軸に価格，横軸に消費量をとれば，右下がりの　　　　曲線を得ることができる。

練習問題

問題1　家計とは何か
第3章では，家計の経済行動について学びました。家計の経済行動として適切ではないものは，次のうちどれでしょうか。　　　　　　ヒント：p.69～70を読もう！

(1) 設備投資　　(2) 貯蓄
(3) 消費　　　　(4) 労働

問題2　限界効用と価格
限界効用逓減を前提として，ある財・サービスの価格が与えられたときに，ある家計のその財・サービスに対する限界効用と価格の関係が，次のうちのようになれば，その財・サービスの消費量が決定されるでしょうか。　ヒント：p.73～75を読もう！

(1) 限界効用＞価格　　(2) 限界効用＝価格
(3) 限界効用＜価格　　(4) 限界効用≠価格

問題3　予算制約式
ある家計が所得 I のもとで，価格 P_X の X 財の数量 X と，価格 P_Y の Y 財の数量 Y を消費するとき，正しい予算制約式は，次のうちどれでしょうか。

ヒント：p.78～79を読もう！

(1) $Y = (P_X/P_Y)X + I/P_Y$　　(2) $Y = -(P_X/P_Y)X + I/P_Y$
(3) $Y = (P_Y/P_X)X + I/P_X$　　(4) $Y = -(P_Y/P_X)X + I/P_X$

問題4　無差別曲線
家計の効用関数において，同じ効用をもたらす財・サービスの数量の組み合わせを，それぞれの財・サービスの数量を縦軸と横軸にとる図に示せば，無差別曲線を得ることができます。無差別曲線に関する記述のうち，誤っている文章は次のどれでしょうか。　　　　　　　　　　　　　　　　　　　　　ヒント：p.84を読もう！

(1) 通常の無差別曲線は，原点に対して凹型になる。
(2) 無差別曲線によれば，原点に近いほど家計の効用は低い。
(3) 効用が異なる2本の無差別曲線が交わることは決してない。
(4) 無差別曲線の曲線上には，同じ効用をもたらす財・サービスの組み合わせが無数に存在する。

問題5　予算制約線と無差別曲線の接点
家計は，予算制約線と無差別曲線の接点において，消費の組み合わせを決定します。予算制約線と無差別曲線の接点に関する記述のうち，誤っている文章は次のどれでしょうか。　　　　　　　　　　　　　　　　　　　　　　ヒント：p.85～87を読もう！

(1) A君の予算制約線と無差別曲線が1点で接する点で決まる消費の組み合わせで

は，A 君の効用は最大になっている。
(2) A 君と B 君の予算が同じで，効用関数の形が同じとき，それぞれの予算制約線と無差別曲線の接点で決まる消費の組み合わせは，A 君と B 君で同じになる。
(3) 効用関数の形の違いは，それぞれの家計の好みや嗜好を表現している。
(4) A 君と B 君の効用関数の形が異なるとき，最適化行動にもとづく消費の組み合わせで実現する効用を，A 君と B 君で比較することができる。

問題 6　需要曲線と需要関数

家計の消費に関する需要曲線と需要関数に関する記述のうち，誤っている文章は次のどれでしょうか。　　　　　　　　　　　　　　　ヒント：p.91～92 を読もう！
(1) ある財・サービスの価格を縦軸，消費量を横軸とするとき，通常の需要曲線は右下がりに描かれる。
(2) 需要関数は，ある財・サービスの消費量が，その価格を決定する関係を示している。
(3) 需要関数は，ある財・サービスの価格が，その消費量を決定する関係を示している。
(4) ある家計の需要曲線が描かれるとき，需要曲線上の消費量は，その家計は予算内で消費できる数量であり，この家計の効用は最大になっている。

問題 7　レポート①

第 3 章の内容を踏まえ，下記をテーマにレポート（1,000 字以上）を作成しなさい。
(1) 限界効用と価格はどのような関係にあるのか。「限界効用と価格について」
(2) 2 つの財・サービスを消費できる家計の予算制約は，どのように表現できるか。「予算の制約について」
(3) 2 つの財・サービスを消費できる家計は，どのようにして効用を最大化する消費の組み合わせを選ぶのか。「効用と無差別曲線について」
(4) 右下がりの需要曲線はどのようにして得られるのか。「右下がりの需要曲線について」

問題 8　レポート②

第 3 章を読む前と読んだ後を比較して，どのような考えを得ることができたか，「第 3 章を読んで」をテーマにレポート（1,000 字以上）を作成しなさい。

練習問題解答

問題 1　正解（1）：設備投資は企業の経済行動である。

問題 2　正解（2）

問題 3　正解（2）

問題 4　正解（1）：通常の無差別曲線は，原点に対して凸型になる。

問題 5　正解（4）：A君とB君の効用関数の形が異なるとき，最適化行動にもとづく消費の組み合わせで実現する効用を，A君とB君で比較することはできない。

問題 6　正解（2）

問題 7　正解省略

問題 8　正解省略

第4章
家計の経済行動 II

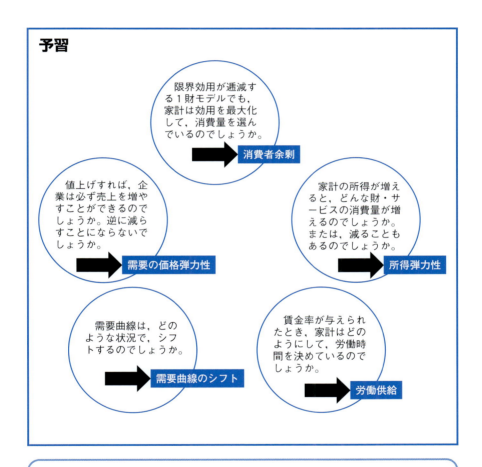

学びのポイント
1. 家計の満足度を示す消費者余剰について学ぶ。 ─── ▶ p. 98
2. 需要の変化と消費量の変化を示す価格弾力性について学ぶ。 ─── ▶ p. 103
3. 所得の変化と消費量の変化を示す所得弾力性について学ぶ。 ─── ▶ p. 111
4. 家計の労働供給曲線がどのように描かれるかを知る。 ─── ▶ p. 117

レクチャー 4.1　消費者余剰

● 効用は限界効用の和となる

　第3章では，通常の需要曲線が右下がりに描かれることを示しました。家計の消費量の増加とともに，家計の限界効用が逓減することから，限界効用曲線が右下がりで描かれるため，需要曲線もまた，右下がりになりました。

　限界効用は，財・サービスを追加的に消費するときに得られる追加的な満足度の増加を示しています。いま，ある家計の限界効用 MU（Marginal Utility）が，財・サービスの消費量にともなって評価できると考えます。たとえば，1個目の財を消費するときの限界効用は $MU(1)$，2個目の財では $MU(2)$，3個目の財では $MU(3)$，…のように表現します。

　この家計は，財・サービスを消費するたびに，限界効用が逓減すると考えます（第3章 p.72 参照）。このとき，

　　$MU(1) > MU(2) > MU(3) > \cdots$

のように示すことができます。

　この状況を図4.1の上図に描いています。横軸に財・サービスの消費量，縦軸に限界効用をとります。図4.1の上図では，限界効用 MU を棒グラフで表現しています。

　ここで考えたいのは，限界効用と効用の関係です。効用は満足度です。家計は，財・サービスの消費量が増えるとともに，効用という満足度を得ています。1個の財を消費するときの効用は $U(1)$，2個の財では $U(2)$，3個の財では $U(3)$，…のように表現します。

　効用と限界効用は，区別しなければなりません。たとえば，3つ目の財を消費するときの限界効用は $MU(3)$ ですが，3個の財を消費するときの効用は $U(3)$ になります。$MU(3)$ と $U(3)$ には，以下のような関係があります。

　　$U(3) = MU(1) + MU(2) + MU(3)$

　すなわち，効用は限界効用の和で示すことができます。これを棒グラフで表現したのが，図4.1の下図です。まず，1個目の財を消費するときの限界効用は $MU(1)$ で，1個の財を消費するときの効用は $U(1)$ です。このとき，$U(1)$

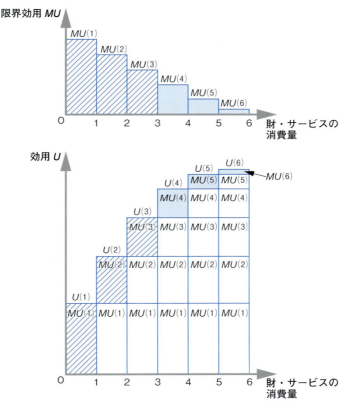

図 4.1　限界効用と効用の関係

$=MU(1)$ で，効用と限界効用は等しくなります。

2 個目の財を消費するときの限界効用は $MU(2)$，2 個の財を消費するときの効用は $U(2)$ です。このとき，$U(2)=MU(1)+MU(2)$ です。同様に，$U(3)=MU(1)+MU(2)+MU(3)$，$U(4)=MU(1)+MU(2)+MU(3)+MU(4)$，…が成立します。

したがって，図 4.1 の下図の効用 U は，上図の限界効用の面積で表現できます。たとえば，3 個目の効用 $U(3)$ は，$MU(1)+MU(2)+MU(3)$ に等しく，上図の斜線の面積に相当します。

● 効用は限界効用曲線の面積となる

図 4.1 は限界効用と効用を棒グラフで描いていましたが，図 4.2 では，限界

効用曲線と効用曲線を描いています。限界効用逓減の法則によって，図 4.2 の左図で限界効用曲線は右下がりになっています。右下がりの限界効用曲線を想定すれば，効用曲線は図 4.2 の右図にあるように，お椀を下向きにしたような形になります。

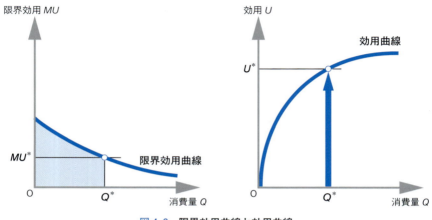

図 4.2 　限界効用曲線と効用曲線

逆にいえば，効用曲線が図 4.2 の右図のような形でなければ，左図のような右下がりの限界効用曲線を描くことができず，さらには需要曲線も右下がりにならないのです。したがって，右下がりの需要曲線は，家計の効用関数が，図 4.2 の右図のような形であることを前提にしています。

効用曲線を描く右図では，効用 U は高さで表現されています。一方，限界効用曲線を描く左図で，効用 U は面積で表現されます。図 4.2 によれば，家計が消費量 Q^* を消費するときの限界効用は MU^* になります。右図では，消費量 Q^* を消費するときに家計の効用は U^* になります。左図において，消費量 Q^* の消費における効用 U^* は，網カケで示された面積に相当します。

● 消費者余剰を最大にする

図 4.2 では，限界効用曲線と効用曲線の関係が明らかになりました。ここでは，家計が効用水準を最大化する結果が，需要曲線に反映されていることを確認します。

図 4.3 にあるように，横軸を消費量 Q，縦軸を価格 P として，ある家計の

需要曲線を右下がりに描きます。いま，価格 P^* のとき，この家計は E 点において，消費量 Q^* の消費を行います。

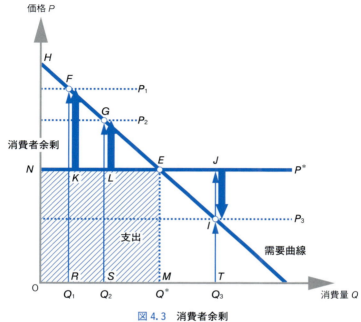

図 4.3　消費者余剰

このとき，この家計の効用はどのように表現できるでしょうか。図 4.2 で確認したように，限界効用曲線の面積によって，家計の効用を測ることができました。需要曲線は限界効用曲線でもあることから，図 4.3 の家計の効用は，□ $OMEH$ になります。

この家計は，□ $OMEH$ の効用を得るために，□ $OMEN$ の支出を行っています。効用から支出を差し引いた部分，すなわち △ NEH が**消費者余剰**です。

消費者余剰（△ NEH）＝効用（□ $OMEH$）－支出（□ $OMEN$）

家計にとって支出は負担なので，効用から支出を差し引くことで得られる消費者余剰は，純粋な効用を示しています。家計は，純粋な効用である消費者余剰を最大にするように，消費量を決定しています。それでは，価格 P^* のとき，均衡 E 点において，家計は消費者余剰を最大にするように，消費量 Q^* を選んでいるかどうか，確認をしてみましょう。

第1に，この家計が，価格 P^* のもとで，消費量 Q_2 を選んだとします。このとき，家計の効用は □OSGH，支出は □OSLN となり，これらを差し引いた消費者余剰は □NLGH です。消費量 Q_2 のときの消費者余剰（□NLGH）は，消費量 Q^* のときの消費者余剰（△NEH）よりも小さいです。そのため，この家計は消費量 Q_2 ではなく，消費量 Q^* を消費するほうが望ましくなります。

第2に，この家計が，価格 P^* のもとで，消費量 Q_3 を選んだとします。このとき，家計の効用は □OTIH，支出は □OTJN となり，これらを差し引いた消費者余剰は，△NEH から △IJE を差し引いた部分になります。消費量 Q_3 のときの消費者余剰（△NEH − △IJE）は，明らかに消費量 Q^* のときの消費者余剰（△NEH）よりも小さいです。そのため，この家計は消費量 Q_3 ではなく，消費量 Q^* を消費するほうが望ましくなります。

以上のことから，価格 P^* のもとでは，需要曲線と交わる E 点において，消費量 Q^* を選ぶことで，家計は消費者余剰を最大化できることが分かりました。それでは，どうして消費者余剰は，需要曲線と価格で囲われた三角形の面積で表現できるのでしょうか。

図 4.3 によれば，価格が P_1 ならば，この家計は消費量 Q_1 まで消費するつもりです。しかし，財・サービスの市場での価格は P^* でした。この家計は，価格 P_1 で購入しようと考えていたところ，実際は価格 P^* で購入できることになります。これは，この家計にとっては，「得」だと考えられます。

それでは，この家計の「得」した部分は，どのように測定できるでしょうか。これは，価格 P_1 と価格 P^* の差，すなわち図 4.3 では線分 FK に相当する部分だと考えることができます。

同じように，この家計は，価格が P_2 ならば，消費量 Q_2 まで消費するつもりです。市場における価格が P^* のとき，価格 P_2 と価格 P^* の差，すなわち図 4.3 では線分 GL に相当する部分が，この家計の「得」した部分になります。

以上のように考えれば，<u>消費者余剰である △NEH は，家計が「得」した部分を集めた面積となります。</u>このことからも，家計は消費者余剰を最大にするために，価格と需要曲線が交わる点において，消費量を決定するのです。

レクチャー4.2 需要の価格弾力性

● 価格の変化と消費量の変化

価格の変化に対して、消費量も変化しますが、その変化を数量的にとらえることができれば、有益な情報になります。たとえば、ある企業が販売している財・サービスの価格を値上げするかどうかの判断をするとき、値上げによって、どこまで消費量が減り、企業の売上がどうなるのかを、数量的に把握できれば、その企業の経営判断の重要な指標になります。

右下がりの需要曲線を想定するならば、価格の変化が消費量の変化をもたらしますが、その程度は、財・サービスごとに異なるでしょう。ある財・サービスは、大きく価格が変化しても、消費量は大きく変化しないかもしれません。反対に、ある財・サービスは、価格の小さな変化に対して、消費量が大きく変化するかもしれません。

価格の変化に対する消費量の変化をとらえるには、どのようにすればよいのでしょうか。図4.4では、価格 P、焼き鳥の消費量 Q_Y、ビールの消費量 Q_B として、焼き鳥とビールの右下がりの需要曲線が描かれています。簡単化のため、焼き鳥1串とビール1杯の価格は同じだとしましょう。

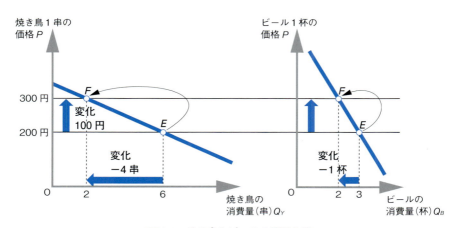

図4.4 焼き鳥とビールの需要曲線

当初、焼き鳥1串とビール1杯の価格は200円だとします。家計は需要曲線と価格200円の交点である均衡 E 点において、焼き鳥は6串、ビールは3杯

を消費しています。ここで，何らかの要因によって，価格が200円から300円に上昇したとしましょう。

このとき，家計は需要曲線と価格300円の交点である新たな均衡 F 点において，焼き鳥2串，ビール2杯の消費を行います。なお，焼き鳥とビールの消費には，関連性はないと仮定します。

均衡 E 点から F 点への移動において，価格の変化 ΔP と消費量の変化 ΔQ は，どうやってとらえるでしょうか。「変化」とは，変化後の数字から，変化前の数字を差し引くことで計算でき，Δ で表現します。

価格 P は，変化前は200円，変化後は300円でした。焼き鳥の消費量 Q_Y は，変化前は6串，変化後は2串でした。ビールの消費量 Q_B は，変化前は3杯，変化後は2杯でした。具体的には，それぞれの「変化」は変化後から変化前を差し引き，以下のように計算できます。

価格の変化 $\Delta P = 300\text{円} - 200\text{円} = 100\text{円}$

焼き鳥の消費量の変化 $\Delta Q_Y = 2\text{串} - 6\text{串} = -4\text{串}$

ビールの消費量の変化 $\Delta Q_B = 2\text{杯} - 3\text{杯} = -1\text{杯}$

● 変化率と価格弾力性

図4.4によれば，価格の変化 $\Delta P = 100$ 円に対して，焼き鳥の消費量の変化 $\Delta Q_Y = -4$ 串，ビールの消費量の変化 $\Delta Q_B = -1$ 杯となっています。

焼き鳥の「変化」は串，ビールの「変化」は杯のように，数量の単位がついています。そのため，焼き鳥とビールの「変化」の大きさを比較することはできません。焼き鳥の−4串よりも，ビールの−1杯のほうが大きい，というような比較は無意味です。

「変化率」という指標があります。「変化率」は，「変化」を変化前の数字で割ることで測定でき，百分率にすることで%表示ができます。以下に，価格の変化率，焼き鳥とビールの変化率（%）を具体的に計算してみましょう。「変化率」は，変化前を基準として，基準に比べてどれくらい変化したのかを示しています。

価格の変化率 $= 100 \times \dfrac{300\text{円} - 200\text{円}}{200\text{円}} = 50$ （%）

$$\text{焼き鳥の消費量の変化率} = 100 \times \frac{2\text{串} - 6\text{串}}{6\text{串}} = -66.666\cdots\ (\%)$$

$$\text{ビールの消費量の変化率} = 100 \times \frac{2\text{杯} - 3\text{杯}}{3\text{杯}} = -33.333\cdots\ (\%)$$

「変化率」には単位がついていません。変化率の計算過程で，同じ単位で割り算をしているからです。単位をもつ「変化」は，焼き鳥とビールでは比較できませんが，単位をもたない「変化率」は比較できます。

それでは，焼き鳥とビールでは，価格の変化にともなって，どちらの消費量の変化の度合いが大きいといえるでしょうか。この度合いは，**需要の価格弾力性**という指標によって測定できます。経済学の初学者にとって，「弾力性」とは耳慣れない言葉ですが，ここでは需要の価格弾力性がどのようにして計算されるのか，考えてみましょう。

需要の価格弾力性は，需要（ここでは消費量）の変化率（％）を価格の変化率（％）で割った値で求められます。ある財・サービスの価格 P，消費量 Q，価格の変化は $\varDelta P$，消費量の変化は $\varDelta Q$ とします。この財・サービスの需要の価格弾力性 e は，次のように計算できます。

$$\text{需要の価格弾力性}\ e = \frac{\text{消費量の変化率（\%）}}{\text{価格の変化率（\%）}} = \frac{100 \times \dfrac{\varDelta Q}{Q}}{100 \times \dfrac{\varDelta P}{P}} = \frac{\dfrac{\varDelta Q}{Q}}{\dfrac{\varDelta P}{P}}$$

需要の価格弾力性は，消費量の変化率（％）を価格の変化率（％）で割っていることから，価格が1％だけ変化したときに，消費量がどれだけの変化率をもつのかを示しています。図 4.4 の焼き鳥の需要の価格弾力性 e_Y，ビールの需要の価格弾力性 e_B とするとき，これらは次のように求められます。

$$\text{焼き鳥の需要の価格弾力性}\ e_Y = \frac{-66.666\ (\%)}{-50\ (\%)} = -1.333\cdots$$

$$\text{ビールの需要の価格弾力性}\ e_B = \frac{-33.333\ (\%)}{-50\ (\%)} = -0.666\cdots$$

以上より，焼き鳥の需要の価格弾力性 e_Y は約 -1.333，ビールの需要の価格弾力性 e_B は約 -0.666 です。

解釈は次のようになります。価格が1％上昇したとき，焼き鳥の消費量は約

133.3％の変化率で減少，ビールの消費量は約66.6％の変化率で減少します。したがって，価格が同じだけ変化したとき，ビールよりも焼き鳥のほうが，消費量が減少する変化率が大きいことになります。

なお，需要の価格弾力性 e は，$e<-1$ のとき**価格弾力的**，$-1<e<0$ のとき**価格非弾力的**といいます。弾力的とは価格の1％の変化に対して消費量が大きく変化する場合であり，非弾力的とは価格の変化に対して消費量があまり変化しない場合です。

図4.4においては，焼き鳥の需要の価格弾力性は約 -1.333 なので弾力的，ビールの需要の価格弾力性は約 -0.666 なので非弾力的です。したがって，ビールよりも焼き鳥のほうが，価格の変化に対して消費量が大きく変化します。

このようにして得られる需要の価格弾力性のデータですが，企業にとって利用価値はあるのでしょうか。また，現実社会では，どのように生かせるのでしょうか。

● **価格の変化にともなう支出の変化**

家計は与えられた価格をもとに，需要曲線に沿って消費量を決定しています。このとき，財・サービス1つ当たりの価格 P に対して，消費量 Q を掛けることで，家計の支出（PQ）が計算できます。

$$\text{家計の支出 } PQ = \text{価格 } P \times \text{消費量 } Q$$

たとえば，150円のおにぎりを3個買うならば，150円×3個=450円が家計の支出となります。

家計の支出（PQ）は，コンビニやスーパーマーケットのレジにおいて，家計が支払う金額です。コンビニやスーパーマーケットといった企業側からみると，家計の支出は売上に相当します。

価格の変化 $\varDelta P$ は，家計の支出（または企業の売上）をどのように変化させるでしょうか。たとえば，値上げ（価格の上昇）は，家計の支出（企業の売上）を増やすでしょうか。または，減らすでしょうか。

値上げによって企業が売上を増やすことができるなら，企業は価格を引き上げるだけでボロもうけです。しかしながら，値上げで家計の消費量が減り，家計の支出は減るかもしれません。その場合は企業の売上は減るでしょう。その

ここでは，価格の変化 ΔP と支出の変化 $\Delta(PQ)$ について考えます。

図 4.4 の焼き鳥の需要曲線において，焼き鳥 1 串の価格が 200 円のとき，焼き鳥の消費量は 6 串でした。均衡 E 点のとき，家計の支出は 1,200 円（=200 円×6 串）となります。焼き鳥 1 串の価格が上昇して 300 円になれば，この家計の支出はどのように変わるでしょうか。

このとき重要なのは，価格が 200 円から 300 円に変わるだけでなく，需要曲線に沿って均衡が F 点となり，家計の焼き鳥の消費量も 6 串から 2 串に変わるということです。この家計の支出は 600 円（=300 円×2 串）になります。

焼き鳥やビールの価格が変化すれば，需要曲線に沿って，焼き鳥やビールの消費量も変化して，家計の支出が変化します。P だった価格が，ΔP だけ変化して，$(P+\Delta P)$ になる状況を考えます。このとき，Q だった消費量も，ΔQ だけ変化して，$(Q+\Delta Q)$ になったとします。

家計の支出は $PQ\,(=P\times Q)$ でした。価格の変化にともなって，家計の支出 (PQ) も，$\Delta(PQ)$ だけ変化して，$(PQ+\Delta(PQ))$ になったとしましょう。このとき，下記の関係が成立します。

$$
\text{家計の支出 } PQ + \text{家計の支出の変化 } \Delta(PQ)
$$
$$
= (\text{価格 } P + \text{価格の変化 } \Delta P) \times (\text{消費量 } Q + \text{消費量の変化 } \Delta Q)
$$

これを整理して，家計の支出の変化 $\Delta(PQ)$ を左辺にもってくると

$$
\text{家計の支出の変化 } \Delta(PQ) = PQ + Q\Delta P + P\Delta Q + \Delta P \Delta Q - PQ
$$
$$
= Q\Delta P + P\Delta Q + \Delta P \Delta Q \tag{1}
$$

となります。すなわち，家計の支出の変化 $\Delta(PQ)$ は，価格の変化 ΔP による要因（$Q\Delta P$），消費量の変化 ΔQ による要因（$P\Delta Q$），価格の変化 ΔP と消費量の変化 ΔQ の積（$\Delta P \Delta Q$）の合計で表されるのです。

具体的にみてみましょう。図 4.5 によれば，家計の焼き鳥の支出は，E 点の 1,200 円から，F 点の 600 円に変化しました。200 円から 300 円の価格の変化 ΔP と，6 串から 2 串の消費量の変化 ΔQ が生じて，家計の支出が 1,200 円から 600 円の変化 $\Delta(PQ)$ につながったと考えられます。

先の家計の支出の変化 $\Delta(PQ)$ の (1) 式を，左辺 $\Delta(PQ)$ と右辺（$Q\Delta P + P$

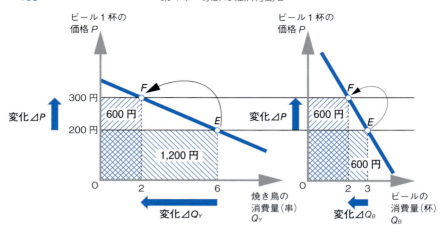

図 4.5　価格の変化にともなう支出の変化

$\Delta Q + \Delta P \Delta Q$）に分けて，焼き鳥の需要曲線のケースで確認してみます。

まず，左辺の支出の変化 $\Delta(PQ)$ ですが，価格が変化する前の支出は 1,200 円で，変化した後の支出は 600 円なので，

　　左辺：$\Delta(PQ) = 600\ 円 - 1{,}200\ 円 = -600\ 円$

となります。次に，右辺（$Q\Delta P + P\Delta Q + \Delta P \Delta Q$）ですが，価格の変化 ΔP は（300 円 − 200 円），消費量の変化 ΔQ は（2 串 − 6 串）なので，

　　右辺：$Q\Delta P + P\Delta Q + \Delta P \Delta Q = 6\ 本 \times (300\ 円 - 200\ 円)$
　　　　　$+ 200\ 円 \times (2\ 串 - 6\ 串) + (300\ 円 - 200\ 円) \times (2\ 串 - 6\ 串)$
　　　　　$= 600\ 円 - 800\ 円 - 400\ 円 = -600\ 円$

となります。右辺と左辺は双方とも −600 円となり，家計の支出の変化 $\Delta(PQ)$ は，価格の変化による要因（$Q\Delta P$），消費量の変化による要因（$P\Delta Q$），価格の変化と消費量の変化の積（$\Delta P \Delta Q$）の合計で正しく計算でき，(1)式が成立することが確認できました。

なお，価格の変化 ΔP と消費量の変化 ΔQ が微少であるならば，価格の変化と消費量の変化の積（$\Delta P \Delta Q$）は，無視できるほど小さくなります。そこで，価格と消費量の変化が微少であるとき，支出の変化 $\Delta(PQ)$ は次のように

$$\text{支出の変化} \Delta(PQ) \approx Q\Delta P + P\Delta Q \tag{2}$$

● 支出の変化と価格弾力性

 値上げ（価格の上昇）によって，家計の支出（または企業の売上）がどのように変化するかは，価格の変化と消費量の変化によって分解できました。しかしながら，どのような財・サービスにおいて，値上げが支出（売上）を増やすのか，または減らすのかは，まだよく分かりません。

 ここで，需要の価格弾力性の考え方が再び登場します。(2)式の家計の支出の変化 $\Delta(PQ)$ の関係を，需要の価格弾力性 e（$=(\Delta Q/Q)\div(\Delta P/P)$）を使って書き換えてみましょう（本章 p.105 参照）。

$$\text{支出の変化} \Delta(PQ) \approx Q\Delta P + P\Delta Q = Q\Delta P\left\{1+\left(\dfrac{\dfrac{\Delta Q}{Q}}{\dfrac{\Delta P}{P}}\right)\right\} = Q\Delta P(1+e)$$

 この式から，価格の変化 $\Delta P>0$（値上げ）の場合，$(1+e)$ の符号によって，支出の変化 $\Delta(PQ)$ がプラスになるかマイナスになるかが決まります。その財・サービスの需要の価格弾力性 e が -1 と比較して大きいか，小さいか，または等しいかで，次の3つのパターンに分けることができます。

 第1に，ある財・サービスの需要の価格弾力性が $e<-1$ の場合は，需要は<u>価格弾力的</u>です。価格の変化 $\Delta P>0$（値上げ）の場合，$(1+e)<0$ となって，支出の変化 $\Delta(PQ)$ はマイナスになります。<u>値上げによって，家計の支出（企業の売上）が減るのが，この場合です。</u>

 第2に，ある財・サービスの<u>需要の価格弾力性が $-1<e<0$ の場合は，需要は</u><u>価格非弾力的</u>です。価格の変化 $\Delta P>0$（値上げ）の場合，$(1+e)>0$ となって，支出の変化 $\Delta(PQ)$ はプラスになります。<u>値上げによって，家計の支出（企業の売上）が増えるのが，この場合です。</u>

 第3に，ある財・サービスの需要の価格弾力性が $e=-1$ の場合です。価格の変化 $\Delta P>0$（値上げ）の場合，$(1+e)=0$ となって，支出の変化 $\Delta(PQ)$ はゼロで変化しません。値上げによって，家計の支出（企業の売上）は変わらな

いのが，この場合です。

図4.4によれば，焼き鳥の需要の価格弾力性は約-1.333で価格弾力的，ビールの需要の価格弾力性は約-0.666で価格非弾力的した。したがって，焼き鳥の価格を値上げすれば，焼き鳥への支出（売上）は減ります。一方，ビールの価格を値上げすれば，ビールへの支出（売上）は増えます。

財・サービスによって，需要の価格弾力性は異なります。この情報は，企業経営者だけでなく，たとえば，財・サービスの価格に影響を与える消費税がどれだけ家計の支出を減らすのかなど，政府の政策立案にも活用できます。

コラム4.1　コーヒーの価格が紅茶に与える影響

本章で学んでいる需要の価格弾力性 e は，ある財・サービスの価格が変化したときの，その財・サービスの需要の変化を測定するものでした。しかしながら，ある財・サービスの価格の変化は，他の財・サービスの需要を変化させるかもしれません。

これを測定する弾力性が**交差弾力性**です。A 財の需要の消費量を Q_A，B 財の価格を P_B とします。このとき，B 財の価格 P_B の変化が，A 財の需要の消費量 Q_A の変化に与える交差弾力性は $(\Delta Q_A/Q_A) \div (\Delta P_B/P_B)$ によって得られます。

第1に，コーヒー豆の不作によって，コーヒーの価格が上昇したとします。コーヒーの価格上昇が，コーヒーの需要を減らし，コーヒーの代替として紅茶の需要が増えるならば，交差弾力性はプラスになります。この場合，紅茶はコーヒーの**代替財**です。

第2に，羊毛の不作によって，毛布の価格が上昇したとします。毛布の価格上昇が，毛布の需要を減らし，毛布とセットで買われる枕の需要も減らすならば，交差弾力性はマイナスになります。この場合，枕は毛布の**補完財**です。

第3に，携帯電話の価格の上昇が，パンの需要に何の影響も与えないならば，交差弾力性はゼロです。この場合，パンは携帯電話の**独立財**です。

復習
(1) 縦軸に □ ，横軸に財・サービスの消費量をとる場合，効用は面積で表現することができる。
(2) 効用から支出を差し引いて得られる □ 余剰は，純粋な効用を示している。
(3) 需要の □ は，価格が1%だけ変化したときに，消費量がどれだけの変化率をもつのかを示す。
(4) 値上げによって家計の支出（企業の売上）が減る場合，需要は価格 □ 的である。

レクチャー 4.3　所得弾力性

● 所得の変化と消費量の変化

　家計の消費量が変化する重要な要因には，価格のほかに所得があります。第3章では，価格の変化にともなって消費量が変化することから，右下がりの需要曲線を描きました（第3章 p.91 参照）。次に家計の所得が変化したとき，どのようになるかを考えてみましょう。たとえば，1,000円の所得でリンゴとミカンを買う家計の予算が，1,500円に増えたならば，この家計は消費量をどのように変化させるでしょうか。

　図 4.6 には，ある家計が X 財と Y 財の 2 財の消費量を選択する様子を示しています。X 財の価格は P_X，Y 財の価格は P_Y とします。この家計の当初の所得をもとに，予算制約線①が描かれています。家計の無差別曲線①と予算制約線①が接する E 点において，X 財の消費量は Q_1 になります。

　続いて，この家計の所得が増えたとします。予算制約線が平行にシフトし，予算制約線②になったとしましょう。新たな無差別曲線②と予算制約線②が接する F 点において，X 財の消費量は Q_2 になります。

　最後に，この家計の所得がさらに増えたとします。予算制約線はさらに平行にシフトし，予算制約線③になったとしましょう。新たな無差別曲線③と予算制約線③が接する G 点において，X 財の消費量は Q_3 になります。

　以上のように，所得の増加にともなって，予算制約線は右上にシフトしてゆきます。価格は変化していませんので，予算制約線①②③の傾きは，P_X/P_Y で

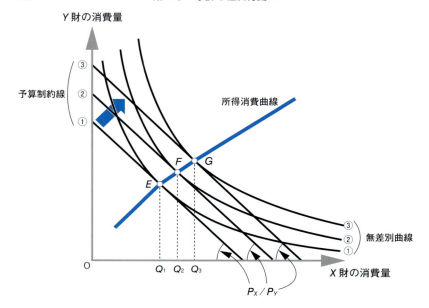

図 4.6 所得の変化にともなう消費量の変化(正常財)

すべて一定です。

図 4.6 にあるように，家計の所得の増加にともなって，E 点，F 点，G 点のように X 財と Y 財の消費量の組み合わせが決まります。この組み合わせを結ぶ曲線が**所得消費曲線（エンゲル曲線）**です。所得消費曲線は，家計が効用を最大にする行動のもとで，所得を変化させたときの，財・サービスの組み合わせです。

● 需要曲線のシフト

図 4.6 は，家計が X 財と Y 財の消費量を選ぶことができる 2 財モデルですが，X 財だけを取り出した 1 財モデルの需要曲線を図 4.7 に描いてみます。縦軸は X 財の価格，横軸は X 財の消費量 Q です。図 4.6 と対応させて，図 4.7 で家計の所得の変化を考えてみます。

当初の家計の所得のもとでは，家計は価格の変化に対して需要曲線①をもっています。需要曲線①と価格 P_X が交わる E 点において，消費量 Q_1 が決まります。この家計の所得が増加し，需要曲線①が需要曲線②へシフトしたと考えましょう。需要曲線②と価格 P_X が交わる F 点において，消費量 Q_2 が決まり

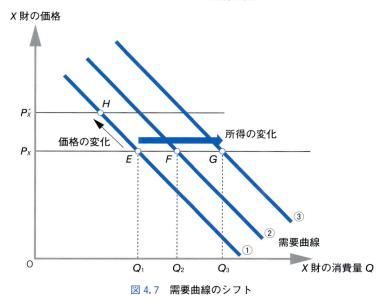

図 4.7 需要曲線のシフト

ます。さらに，家計の所得が増加し，需要曲線②が需要曲線③へシフトしたとします。そのとき，需要曲線③と価格 P_X が交わる G 点において，消費量 Q_3 が決まります。

図 4.7 にあるように，家計の所得の変化に対して，需要曲線は平行にシフトします。所得が増加すれば，需要曲線は右側にシフトしています。実のところ，家計の所得の変化によって，需要曲線が左側にシフトすることもありますし，変わらないこともあります。ここで重要なのは，<u>所得の変化は，需要曲線の**シフト**によって表現できること</u>です。

ところで，図 4.4 や図 4.5 においては，価格の変化による消費量の変化を考えました。このときの需要曲線は，シフトしていなかったことを思い出しましょう。図 4.7 にもあるように，価格が P_X から P'_X に変化するとき，需要曲線①との交点は，E 点から H 点に移動します。

すなわち，<u>価格の変化は需要曲線上の**移動**</u>です。財・サービスの需要曲線は，ある価格のもとで，家計が効用を最大にする行動をしたときの消費量を示す曲線でした。価格が変化すると消費量も変化しますが，それは同じ需要曲線の上で，消費量が変化します。

一方，家計の所得が変化すると，家計の需要曲線そのものが変化します。な

ぜなら，ある需要曲線は，家計の所得を一定として描かれているからです。その所得が変化すれば，新たな需要曲線を描く必要があります。そのため，所得の変化によっては，需要曲線はシフトするのです。

需要曲線がシフトすれば，価格が一定でも，消費量が変わってきます。図 4.4 の場合は，所得が増加すれば，X 財の消費量は増加しています（$Q_1<Q_2<Q_3$）。ただし，場合によっては，所得の増加でも消費量は減少することもあります。この点については後に述べます。

● **所得弾力性**

家計の所得が変化したとき，需要曲線のシフトによって，財・サービスの消費量が変化することをみてきました。需要の価格弾力性と同じように，所得の変化にともなう消費量の変化をとらえる指標が**所得弾力性**です。

$$\text{所得弾力性} = \frac{\text{消費量の変化率（\%）}}{\text{所得の変化率（\%）}} = \frac{100 \times \frac{\Delta Q}{Q}}{100 \times \frac{\Delta I}{I}} = \frac{\frac{\Delta Q}{Q}}{\frac{\Delta I}{I}}$$

たとえば，ある家計の所得が 1,000 円から 1,100 円になるとき，所得の変化 ΔI は 100 円（＝1,100 円−1,000 円）であり，所得の変化率 $\Delta I/I$（％）は 10％（＝100×100 円/1,000 円）となります。また，この所得の変化によって，この家計のリンゴの消費量 Q が 5 個から 6 個に増加したとしましょう。このとき消費量の変化 ΔQ は 1 個（＝6 個−5 個），消費量の変化率 $\Delta Q/Q$（％）は 20％（＝100×1 個/5 個）となります。

このとき，この家計の所得弾力性は 2（＝20％÷10％）です。所得が 1％ 増加するとき，変化率 2 でリンゴの消費量が増えます。

所得弾力性は，財・サービスによって異なります。図 4.6 によれば，所得の増加は消費量を増やしていることから，この場合の所得弾力性は正（＋）の値をとります。このような財・サービスを**正常財（上級財）**とよびます。

反対に，所得弾力性が負（－）の値をとる財・サービスが**劣等財（下級財）**です。劣等財は，家計の所得が増えるほど，消費量が減る財・サービスです。図 4.8 によれば，家計の所得の増加にともない，予算制約線が①から②，②から③にシフトしています。これらの予算制約線と無差別曲線①②③と接する E

レクチャー4.3 所得弾力性

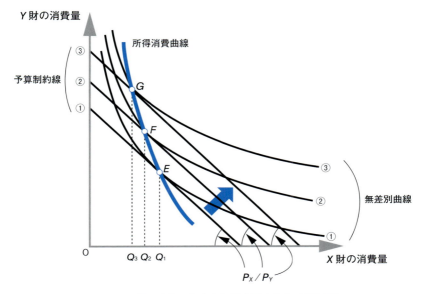

図 4.8 所得の変化にともなう消費量の変化（劣等財）

点，F 点，G 点によれば，X 財の消費量は減少しています（$Q_1 > Q_2 > Q_3$）。

ほとんどの財・サービスは，所得が増えれば消費量が増える正常財だと考えられますが，劣等財には具体的にどのようなものがあるでしょうか。たとえば，マーガリンや発泡酒は劣等財だと考えられます。

マーガリンはバター，発泡酒はビールの代替品としての役割があります。そのため，家計の所得が増えるならば，家計はマーガリンではなくバターを，発泡酒ではなくビールを選ぶでしょう。その結果，マーガリンと発泡酒の消費量は減ることから，これらの財は劣等財になります。

また，所得弾力性が1より小さく，家計の所得が増えても，それほど消費量が増えない財・サービスが**必需品**です。一方，1より大きく，家計の所得が増えると消費量が大きく増える財・サービスが**贅沢品**です。

● 需要関数と需要曲線

需要の価格弾力性は，価格の変化にともなう家計の消費量の変化を測る指標でした。また，所得弾力性は，家計の所得の変化にともなう消費量の変化を測る指標でした。

これらの弾力性は，価格や所得が変化するときに，消費量である需要が変わることが分かります。このとき，次のような**需要関数** D によって，X 財の消費量 Q が決められていると考えることができます。

$$Q = D(P_X, P_Y, I, Z)$$

ここで，X 財の価格 P_X，Y 財の価格 P_Y，所得 I，その他の要因 Z としています。右辺の（　）内にある変数によって，左辺の X 財の消費量 Q が決まるのが，需要関数 D の意味です。需要関数を図示すれば，需要曲線になります。

図 4.9 において，需要関数 D の動きを考えてみましょう。まず，当初に右下がりの需要曲線①が描かれるとします。需要曲線①においては，需要関数 D の右辺（　）内では，Y 財の価格 P_Y，所得 I，その他の要因 Z は一定です。X 財の価格 P_X が，図 4.9 のように P_X^* の水準であるとき，X 財の消費量は Q_1 となります。

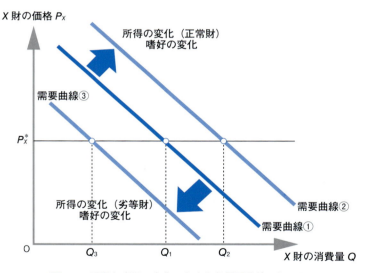

図 4.9　所得と嗜好の変化にともなう需要曲線のシフト

需要の価格弾力性とは，需要関数 D において，Y 財の価格 P_Y，所得 I，その他の要因 Z を一定として，X 財の価格 P_X が変化したときに，どれくらい X 財の消費量 Q が変化するかを測定するものです。

一方，所得弾力性においては，需要関数 D において，X 財の価格 P_X，Y 財

の価格 P_Y, その他の要因 Z は一定として, 所得 I が変化したときに, どれくらい X 財の消費量 Q が変化するかを測定するものです。

図 4.9 にあるように, 所得弾力性の場合は, 需要曲線がシフトします。正常財の場合は, 所得 I の増加にともない, 需要曲線①は需要曲線②へシフトします。価格 P_X^* のもとでは, X 財の消費量は Q_1 から Q_2 へ増加します。劣等財の場合は, 所得 I の増加にともない, 需要曲線①は需要曲線③へシフトします。価格 P_X^* のもとでは, X 財の消費量は Q_1 から Q_3 へ減少します。

なお, 需要曲線のシフトは, 家計の所得 I の変化だけで生じるわけではありません。需要関数 D の右辺（　）内にある, その他の要因 Z の変化も, 需要曲線をシフトさせる要因になります。たとえば, 家計の好み（嗜好）が変化すれば, 需要曲線はシフトします。

図 4.9 において, 需要曲線①をもつ家計の好みが変化する状況を考えます。いま, X 財が何らかの要因で流行したとしましょう。この家計も, 流行に乗って, 好みを変化させたとします。このとき, 需要曲線①は需要曲線②に右上にシフトします。反対に, 流行が終われば, 家計の好みの変化によって, 需要曲線が左下にシフトすることもあります。これらのシフトによって, 家計の消費量も変化します。

レクチャー 4.4　労働供給

● 労働市場の需要と供給

家計は財・サービス市場で財・サービスを消費するだけでなく, 生産要素市場において労働と資本を供給しています。ここでは, 生産要素市場のうち, 労働市場について考えます。

図 4.10 は労働市場を示しています。横軸は労働量 L, 縦軸は賃金率 W です。労働量は労働者数と労働時間を合わせた数量です。労働市場では, 労働者を雇用する企業の行動が労働需要曲線, 労働を企業に提供する家計の行動が労働供給曲線によって表現できます。

賃金率 W が低いほど, 企業は労働者を雇おうとするため, 労働需要曲線は右下がりになります。賃金率が高いほど, 家計は労働を提供しようとするため, 労働供給曲線は右上がりになります。

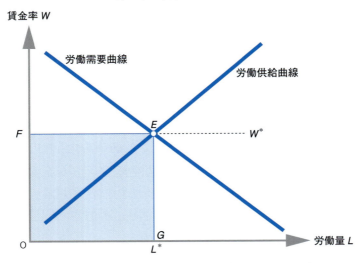

図 4.10 労働市場における労働需要曲線と労働供給曲線

労働需要曲線と労働供給曲線が交わる均衡 E 点において，賃金率 W^* と労働量 L^* が決まります。このとき，□$OGEF$ は，企業にとっては労働費用，家計にとっては労働所得になります。

通常の労働供給曲線が右上がりに描かれることの理由を，余暇と消費の2財モデルをもとにして考えてみましょう。図 4.11 をご覧ください。

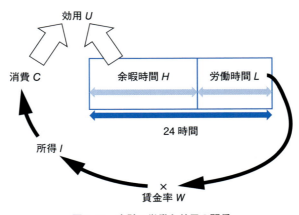

図 4.11 家計の労働と効用の関係

いま，ある家計が1日のうちの何時間を働くか，という選択に直面しているとします。すべての人にとって1日は24時間なので，この家計も，24時間の

レクチャー 4.4　労働供給

制約のなかで，何時間を働き，何時間を余暇とするかの選択を行っています。労働時間 L，余暇時間 H とすれば，下記が成り立ちます。

　　労働時間 L ＋余暇時間 H ＝24 時間　　　（労働時間 $L>0$，余暇時間 $H>0$）

なお，右辺の24時間は家計がもっているすべての時間を意味しています。24 時間だと1日，1週間だと7日間，1年だと 365 日（もしくは 366 日）のように，時間の制約は様々に考えることができます。ここでは簡単化のため，24 時間を想定します。

この家計が1時間だけ働いたとき，賃金が得られるとします。1時間当たりの賃金が賃金率 W です。賃金率 W に労働時間 L を掛けると，労働所得 I を得ることができます。

　　労働所得 I ＝賃金率 W ×労働時間 L

たとえば，賃金率 W ＝1,000 円で，労働時間 L ＝7 時間ならば，労働所得 I ＝7,000 円（＝1,000 円×7 時間）となります。この家計は，得られた労働所得 I を，すべて消費 C に費やすと考えましょう。そうすれば，

　　消費 C ＝労働所得 I ＝賃金率 W ×労働時間 L

これが，この家計の予算制約式になります。労働所得 I ＝7,000 円ならば，消費 C ＝7,000 円になります。

そして，この家計は，消費 C と余暇時間 H から効用を得ると考えます。この家計は，余暇を過ごすことから効用を得る一方で，所得を使って消費することでも，効用を得ると考えます。このとき効用関数 U は，

　　効用 U ＝ U（消費 C，余暇時間 H）

のように示せます。ここで考えたいのは，消費 C と余暇時間 H の関係です。

効用を高めるために，この家計が余暇時間 H を増やすならば，労働時間 L を減らさなければなりません。なぜなら，1日は24時間に制約されているからです。一定の賃金率 W のもとで，労働時間 L が減れば，労働所得 I も減少し，消費 C も減ります。したがって，余暇時間 H の増加は，消費 C の減少をもたらします。

一方,効用を高めるために,この家計が消費 C を増やすならば,所得 I を増やさなければなりません。一定の賃金率 W のもとで,所得 I を増やすためには,労働時間 L を増やさなければなりません。時間の制約のため,労働時間 L を増やすには,余暇時間 H を減らさなければなりません。

以上から,余暇時間 H と消費 C には,どちらかを増やすと一方が減るトレードオフ（二律背反）の関係があることがわかります。この家計が直面する問題は,一定の賃金率 W のもとで,効用 U を最大にするような労働時間 L を選ぶことになります。これが余暇と消費の2財モデルです。

● **家計は労働を供給する時間を選ぶ**

家計による余暇と消費の2財モデルを図示したのが図4.12です。この家計が,24時間すべてを余暇 H に費やす場合は G 点であり,家計の所得はゼロ,そのために消費 C もゼロになります。一方,この家計の賃金率 W が1時間当たり1,000円だとして,1日24時間すべてを労働に費やす場合は F 点であり,この家計は24,000円の所得を得て,同額を消費 C とします。

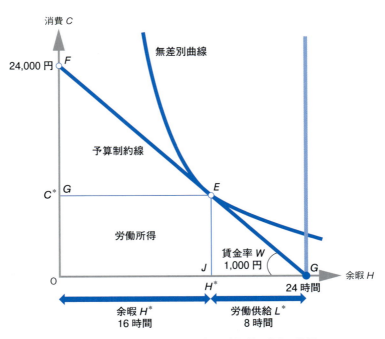

図4.12 家計による消費と余暇（労働）時間の選択

しかしながら、まったく働かない G 点では消費 C がゼロとなり、生活ができませんし、24 時間を働き続ける F 点も現実的ではありません。そこで家計は、G 点と F 点を結ぶ直線を予算制約線とし、予算制約線上の余暇と消費の組み合わせを選ぶことになります。その際に、再度登場するのが無差別曲線です。

図 4.12 においては、予算制約線と無差別曲線が接する E 点において、この家計の余暇 H^* が 16 時間となり、労働供給 L^* が 8 時間、消費 C^* となっています。また、この家計の労働所得は □$OJEG$ であり、消費額も同額であることが確認できます。

この家計は、賃金率 $W=1,000$ 円のとき、予算制約線と無差別曲線が接する E 点のもとで、労働供給は 8 時間を選択していました。続いて図 4.13 では、何らかの要因によって賃金率 W が 1,000 円から 700 円、さらには 400 円に下がったときに、労働供給がどのように変化するかを考えてみます。

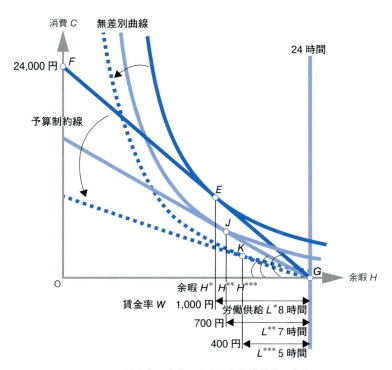

図 4.13　賃金率の変化にともなう労働供給の変化

賃金率 W を下げてゆくとき，予算制約線は G 点を軸にして，下の方向へ回転します。予算制約線は，賃金率 W が1,000円，700円，400円になるにつれて，下に向かいます。新しい予算制約線において，新しい無差別曲線が接する点において，余暇もしくは労働供給の時間が決まります。

賃金率 W が700円のときの予算制約線と無差別曲線が接する J 点においては，7時間の労働供給が選ばれたとします。また，賃金率 W が400円のときは，K 点において5時間の労働供給が選ばれたとしましょう。図4.13には，賃金率 W の変化にともなって，労働供給が変化する様子が描かれています。

一般的に考えれば，賃金率 W が低く（高く）なれば，同じ時間を働いたときの労働所得が低く（高く）なり，消費 C も少なく（多く）なります。家計の余暇に対する評価が高く（低く）なることから，余暇時間が増え（減り），労働供給の時間が減る（増える）ことになります。

● 労働供給曲線は右上がりになる

縦軸に賃金率 W，横軸に労働供給の時間 L をとった図4.14に賃金率 W と労働供給 L の関係を示してみます。賃金率 $W=400$ 円で労働供給 $L=5$ 時間（K 点），$W=700$ 円で $L=7$ 時間（J 点），$W=1,000$ 円で $L=8$ 時間（E 点）です。これを結ぶことで，家計の労働供給曲線が得られます。

労働供給曲線上の労働供給 L は，与えられた賃金率 W のもとで，その家計が効用を最大化して得られていることを確認しましょう。図3.8（p.91）の家計の需要曲線は右下がりで，図4.14の家計の労働供給曲線は右上がりです。前者が財・サービス市場の需要曲線，後者が労働市場の労働供給曲線であることからも，需要曲線は右下がりで，供給曲線は右上がりであることを確認できます。

そして，図4.14の家計の労働供給曲線は，賃金率 W が高くなると，後方に屈曲しています。基本的に家計は，賃金率 W が高いほど，労働供給 L を増やすので，労働供給曲線は右上がりです。ところが，賃金率 W が高くなってくると，それほど労働しなくても，十分に所得を得ることができるため，むしろ労働供給を減らし，余暇を消費するのです。そのため，十分に高い賃金率 W のもとでは，労働供給曲線は後方に屈曲することが知られています。

レクチャー4.4 労働供給

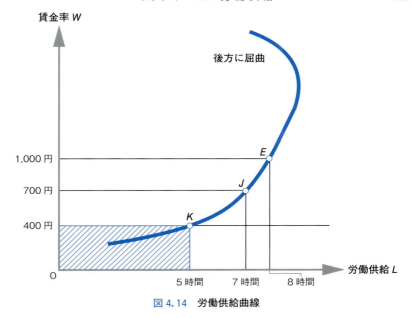

図 4.14 労働供給曲線

復習
(1) 家計が効用を最大化する行動のもとで，所得を変化させたときの，財・サービスの組み合わせを描いたものが____曲線である。
(2) 所得の変化は需要曲線の____，価格の変化は需要曲線上の____によって表現できる。
(3) 家計の所得変化にともなう消費量の変化をとらえる指標が____である。
(4) ____曲線上の労働供給は，与えられた賃金率のもとで，家計が効用を最大化することで得られる。

練習問題

問題1　限界効用と効用の関係

限界効用逓減の法則を前提にしたときの限界効用と効用の関係に関する記述のうち，誤っている文章は次のどれでしょうか。

ヒント：p.98〜100 を読もう！

(1) 効用は限界効用の和で示すことができる。
(2) 横軸に消費量，縦軸に限界効用の図を描くとき，通常の限界効用曲線は右下がりになる。
(3) 横軸に消費量，縦軸に限界効用の図を描くとき，ある消費量での限界効用曲線の面積が効用に相当する。
(4) 横軸に消費量，縦軸に効用の図を描くとき，効用曲線は右下がりになる。

問題2　消費者余剰

消費者余剰を求める式として，正しいのは次のうちどれでしょうか。

ヒント：p.100〜102 を読もう！

(1) 消費者余剰＝効用＋支出
(2) 消費者余剰＝効用－支出
(3) 消費者余剰＝限界効用＋支出
(4) 消費者余剰＝限界効用－支出

問題3　需要の価格弾力性

ある財・サービスの価格 P の変化を $\varDelta P$，消費量 Q の変化を $\varDelta Q$ とするとき，需要の価格弾力性 e を示す式は，次のうちどれでしょうか。

ヒント：p.103〜106 を読もう！

(1) $e=(\varDelta Q/Q)\div(\varDelta P/P)$
(2) $e=(\varDelta Q/Q)\times(\varDelta P/P)$
(3) $e=(\varDelta P/P)\div(\varDelta Q/Q)$
(4) $e=(\varDelta P/P)\times(\varDelta Q/Q)$

問題4　支出の変化と価格弾力性

値上げをしても，企業の売上が増えるかどうかは，需要の価格弾力性 e に依存します。支出の変化と価格弾力性に関する記述のうち，誤っている文章は次のどれでしょうか。

ヒント：p.109〜110 を読もう！

(1) 需要の価格弾力性 $e<-1$ の場合，値上げによって企業の売上は増える。
(2) 需要の価格弾力性 $e<-1$ の場合，値上げによって企業の売上は減る。
(3) 需要の価格弾力性 $-1<e<0$ の場合，値上げによって企業の売上は増える。
(4) 需要の価格弾力性 $e=-1$ の場合，値上げしても企業の売上は変わらない。

問題5　需要曲線のシフト

需要曲線は，家計の経済行動が変化した場合にシフトします。需要曲線のシフトに関する記述のうち，誤っている文章は次のどれでしょうか。

ヒント：p.112〜114 を読もう！

(1) 家計の所得が変化する場合，その家計の需要曲線はシフトする。
(2) ある財・サービスの価格が変化する場合，その財・サービスの需要曲線はシフトする。
(3) 流行などにより，家計の嗜好（好み）が変化した場合，その財・サービスの需要曲線はシフトする。
(4) ある財・サービスの価格が変化する場合，その財・サービスの需要曲線はシフトしない。

問題 6　労 働 供 給

家計の労働供給と労働供給曲線に関する記述のうち，誤っている文章は次のどれでしょうか。　　　　　　　　　　　　　　　ヒント：p.117～123 を読もう！

(1) 家計は，余暇をとるか，労働をとるかの選択に直面しており，余暇は家計の効用にマイナスの影響をもたらす。
(2) 余暇と消費の 2 財モデルでは，一定の賃金率のもとで，効用を最大にするような労働時間が選ばれる。
(3) 賃金率の変化に応じて，効用を最大化する労働供給の関係を図示した曲線が労働供給曲線である。
(4) 労働供給曲線では，賃金率が十分に高くなれば，労働供給が減少する現象がみられる。

問題 7　レポート①

第 4 章の内容を踏まえ，下記をテーマにレポート（1,000 字以上）を作成しなさい。
(1) 消費者余剰について説明せよ。「消費者余剰について」
(2) 需要の価格弾力性について説明せよ。「需要の価格弾力性について」
(3) 所得弾力性について説明せよ。「所得弾力性について」
(4) 労働供給曲線はどのようにして得られるのか。「労働供給曲線について」

問題 8　レポート②

第 4 章を読む前と読んだ後を比較して，どのような考えを得ることができたか，「第 4 章を読んで」をテーマにレポート（1,000 字以上）を作成しなさい。

練習問題解答

問題 1　正解（4）：効用曲線はお椀を下向けにしたような形になる。

問題 2　正解（2）

問題 3　正解（1）

問題 4　正解（1）

問題 5　正解（2）

問題 6　正解（1）：余暇は家計の効用にプラスの影響をもたらす。

問題 7　正解省略

問題 8　正解省略

第 **5** 章
企業の経済行動

予習

企業と会社は，何が違うのでしょうか。
企業は，どのような経済行動をとっていますか。

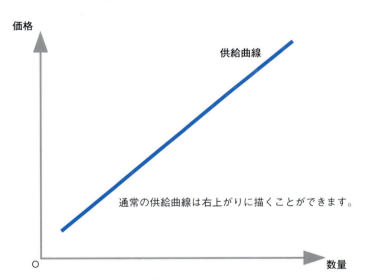

通常の供給曲線は右上がりに描くことができます。

なぜ，通常の供給曲線は右上がりなのでしょうか。

学びのポイント

1. 企業が生産するときの費用について学ぶ。————————▶ p.128
2. 企業の目的である利潤について学ぶ。————————————▶ p.133
3. 生産における平均費用と限界費用の重要性を知る。————▶ p.137
4. 右上がりの供給曲線がいかにして描けるかを知る。————▶ p.142

レクチャー 5.1　総費用

● 企業と会社の違い

　本章では，財・サービス市場での供給曲線について考えます。市場で家計が財・サービスを消費するには，その財・サービスを供給する企業が存在しなければなりません。家計の労働供給曲線と同じく，財・サービス市場の供給曲線は，通常，右上がりになります。しかしながら，なぜ，供給曲線は右上がりに描かれるのでしょうか。本章では，財・サービス市場の供給曲線が右上がりになる理由を検討します。

　普段の私たちは，「企業」という言葉を，どのように使っているでしょうか。企業というよりは，「会社」というほうが，皆さんにはなじみがあるかもしれません。しかしながら経済学では，会社よりも，企業という表現を使います。

　国語辞典で調べると，会社は「会社法にもとづいて設立された法人」です。一方，企業は「営利を目的とする組織」です。上場企業であれば，当然に企業であり，会社です。問題は，企業なのに，会社ではないケースです。

　たとえば，自営業の八百屋は，会社ではないかもしれませんが，営利目的で野菜という財を販売しているという意味では企業です。八百屋だけでなく，商店街のお店は，ほとんどが会社ではないように思います。

　農業分野でも，会社が農業ビジネスを手がけていることもありますが，大部分の農家は会社ではないでしょう。しかしながら，農作物を生産しているという点では，企業であることには間違いありません。

　したがって，会社は企業ですが，企業は会社であるかどうかは，分かりません。どちらかといえば，会社よりも企業のほうが，より広い概念だといえます。会社と企業は明確に区別しなければなりませんが，家計と企業を区別することは，経済学では重要です。特に自営業や農家では，家計と企業が同居しています。商店街では，1階は八百屋ですが，2階は自宅というような商店があります。この場合，1階は企業ですが，2階は家計になります。自営業でなくても，普通の家計が企業になることもあります。たとえば，家庭内で仕事をする人がいれば，内職をする時間帯は企業です。

　経済学では，財・サービスを生産する経済主体として，企業をとらえています。製造業のようなメーカーも商店街の八百屋も当然ながら企業で，散髪屋や

美容院もサービスを提供する企業です。

　標準的な経済学では，企業は家計が所有していると考えます。株式会社の場合は株主である家計が，株式会社を保有しています。会社と会社の間で株式の持ち合いがあるとしても，元をたどってゆけば，必ず株主となる家計にたどり着きます。上場企業でなくても，会社の出資者は家計です。自営業の場合は，オーナーという家計が出資者になります。

　したがって，すべての企業は，株主や出資者といった家計のために，経済活動を行っています。ある企業が儲ければ，その儲けは配当金のような形で，その企業の株主や出資者の所得として還元されるか，株式会社であれば，株価の上昇といった形で，株主にメリットをもたらすのです。

　企業の儲けとは利潤です。企業は利潤を追求するために，財・サービスの提供を行っています。企業の経営者は，最大の利潤を得るために，どのように財・サービスを生産するか，この問題を考えています。このような企業の経済活動のことを，企業の利潤最大化行動といいます。

　企業は，利潤を最大化するために，どのような経済行動を行うのでしょうか。ある企業に，財・サービスの価格や生産要素（労働や資本）の賃金率や利子率が与えられたとき，利潤を最大化する生産量を決定する状況を，標準的な経済学では考察します。

● 変動費用と固定費用を区別する

　さて，ある企業が，ある財を生産している状況を考えましょう。この企業が，その財を生産するには費用がかかります。たとえば，チョコレート企業がチョコレートを生産するためには，チョコレートの材料だけでなく，チョコレートを固めるための機械の生産ラインと，それを動かす従業員（労働），さらには工場（実物資本）が必要です。

　チョコレートの生産量を Q とすれば，生産するために必要な総費用は $C(Q)$ のように表現できます。生産量が増えるならば，総費用も増えるという関係です。総費用が生産量の関数なので，$C(Q)$ のように表現します。

　総費用 $C(Q)$ は，費用の性質によって2種類に分類できます。一つは固定費用 FC（Fixed Cost），いま一つは変動費用 $VC(Q)$（Variable Cost）です。

総費用 $C(Q)$ ＝固定費用 FC ＋変動費用 $VC(Q)$

固定費用 FC は，生産量 Q が増減しても変わらない一定の費用です。そのため，固定費用は生産量の関数ではありません。たとえば，チョコレート工場にある機械は，レンタルで借りているとしましょう。機械のレンタル料は，チョコレートの生産量が増えようが減ろうが，生産量ゼロでも必ず支払いが必要です。これが固定費用です。

一方の変動費用 $VC(Q)$ は，生産量 Q の増減によって，変化する費用です。たとえば，チョコレートの材料費が典型例です。従業員の賃金など労働費も，生産量に応じて必要になる変動費用だと考えられます。変動費用は生産量の関数なので，$VC(Q)$ のように表現しています。

このチョコレート工場の生産量 Q，総費用 $C(Q)$，固定費用 FC，変動費用 $VC(Q)$ の数値例を表5.1に示しています。単なる数値例なので，単位は無視してください。

表5.1　チョコレート企業における生産量，費用，収入，利潤

生産量 Q	0	1	2	3	4	5	6	7	8	9
固定費用 FC	10	10	10	10	10	10	10	10	10	10
変動費用 $VC(Q)$	0	7	12	16	19	21	22	22.5	22.7	22.8
総費用 $C(Q)$	10	17	22	26	29	31	32	32.5	32.7	32.8
収入 $R(4, Q)$	0	4	8	12	16	20	24	28	32	36
利潤 $\Pi(4, Q)$	−10	−13	−14	−14	−13	−11	−8	−4.5	−0.7	3.2
生産量 Q	9	10	11	12	13	14	15	16		
固定費用 FC	10	10	10	10	10	10	10	10		
変動費用 $VC(Q)$	22.8	23	23.5	24.5	27	31	36.5	43.5		
総費用 $C(Q)$	32.8	33	33.5	34.5	37	41	46.5	53.5		
収入 $R(4, Q)$	36	40	44	48	52	56	60	64		
利潤 $\Pi(4, Q)$	3.2	7	10.5	13.5	15	15	13.5	9.5		

備考：価格 $P=4$ のもとでの収入 $R(4, Q)$ と利潤 $\Pi(4, Q)$ を示している。

レクチャー 5.1 総費用

　固定費用 FC は，生産量 Q の大小にかかわらず，常に 10 です。変動費用 $VC(Q)$ は，生産量に依存して増加します。固定費用と変動費用の合計が，総費用 $C(Q)$ になります。

　横軸に生産量 Q，縦軸に総費用 $C(Q)$，変動費用 $VC(Q)$，固定費用 FC をとり，表 5.1 の数値例を図示したものが図 5.1 です。固定費用曲線 FC は 10 で一定，変動費用曲線 $VC(Q)$ は生産量に応じて変化します。固定費用曲線 FC と変動費用曲線 $VC(Q)$ を縦軸の方向に足し合わせたものが，総費用曲線 $C(Q)$ です。

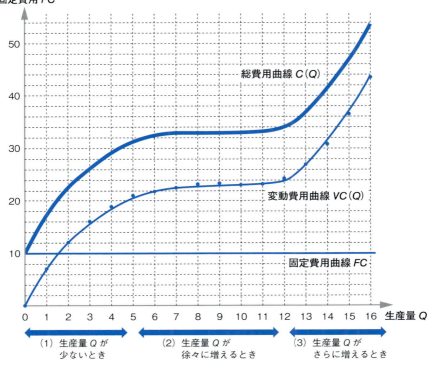

図 5.1　チョコレート企業の費用曲線

● **変動費用曲線はなぜ逆 S 字型なのか**

　図 5.1 において，変動費用曲線 $VC(Q)$ が，逆 S 字型をしていることに注

意しましょう。生産量 Q を0から徐々に増やしてゆくとして，図 5.1 の (1)，(2)，(3) の生産量の局面に注目します。

「(1) 生産量 Q が少ないとき」，変動費用 $VC(Q)$ は急激に増加します。その後，「(2) 生産量 Q が徐々に増えるとき」，変動費用の増加幅は小さくなります。そして，「(3) 生産量 Q がさらに増えるとき」は，変動費用が再び増加します。

変動費用曲線 $VC(Q)$ が逆 S 字型として描かれている背景として，このチョコレート企業には，一定の敷地面積をもつ工場があり，そこには一定の規模の機械が生産ラインにすえつけられており，それを従業員が動かして，チョコレートを生産しているという状況を考えてみます。

財・サービスの生産には，インプットをアウトプットに変換する技術として，生産関数が存在しています。ここでは，インプットである労働には従業員，資本には工場と機械を想定しており，アウトプットがチョコレートです。また，このチョコレート企業は従業員数（労働）を増減できますが，工場や機械（資本）の数量を動かすことは，短期的にはできないと考えます。

このとき，チョコレート企業が，「(1) 生産量 Q が少ないとき」を目標とすれば，少ない従業員で十分ですが，生産にはある程度の生産ラインの機械を稼働させなければならないために変動費用 $VC(Q)$ がかさみます。そのため，「(1) 生産量 Q が少ないとき」は，変動費用は急激に増加します。

「(2) 生産量 Q が徐々に増えるとき」は，機械を動かす従業員を増やすことが必要です。その結果，機械と従業員がうまく組み合わさることで，生産が効率的になります。そのために，変動費用 $VC(Q)$ の増加幅が小さくなります。

「(3) 生産量 Q がさらに増えるとき」は，従業員をより増やすことになります。しかしながら，工場の面積は一定で，機械も一定の規模しかなく，増えすぎた従業員は，むしろ生産を非効率にします。そのために，変動費用 $VC(Q)$ の増加幅が大きくなるのです。

図 5.1 によれば，固定費用曲線 FC が一定で，変動費用曲線 $VC(Q)$ が逆 S 字型なので，両者を縦軸に沿って足し合わせた総費用曲線 $C(Q)$ も逆 S 字型になることが図示されています。

レクチャー **5.2** 利　潤

● 収入から総費用を差し引くと利潤になる

　企業が生産を継続的に行うには，収入を得なければなりません。ここでは簡単化のため，チョコレートの在庫の発生と管理を無視し，仕入や卸売の過程も省略します。チョコレート企業が生産した生産量は，直ちに市場で家計が購入することで，チョコレート企業が収入を得ると考えます。

　このとき，この企業の<u>収入 $R(P, Q)$</u>（Revenue）は，チョコレートの価格 P にチョコレートの生産量 Q を掛けることで得られます。

　　収入 $R(P, Q)$＝価格 P ×生産量 Q

収入は企業の売上だと考えてもよいでしょう。収入は，価格 P と生産量 Q の関数なので，$R(P, Q)$ のような表記をしています。

　ここで，このチョコレート企業はチョコレートの価格 P を操作できないとします。独占力やブランド力がある企業なら，チョコレートの価格を操作できる可能性がありますが，その可能性は排除します。すなわちこの企業は，価格 P を変えるほど市場への影響力をもっていないとします（価格に影響を与える企業の存在は本章 p.134 **コラム 5.1** 参照）。

　いま，市場から与えられたチョコレートの価格を $P=4$ とします。**表 5.1** には，その場合の収入 R の数値例が示されています。具体的には，生産量 Q に $P=4$ を掛けて，収入 $R(4, Q)$ を計算しています。$P=4$ の場合の収入なので $R(4, Q)=4Q$ です。

　本章の冒頭でも示したように，企業の経済行動の目的は利潤の追求でした。<u>利潤 $\Pi(P, Q)$ は，収入 $R(P, Q)$ から総費用 $C(Q)$ を差し引いて得られます</u>（Π はパイと読みます）。

　　利潤 $\Pi(P, Q)$＝収入 $R(P, Q)$－総費用 $C(Q)$

収入 $R(P, Q)$ が価格 P と生産量 Q の関数，総費用 $C(Q)$ が生産量の関数なので，利潤 $\Pi(P, Q)$ は価格と生産量の関数になります。したがって，価格 P と生産量 Q が決まれば，利潤も決まります。先の**表 5.1** には，価格 $P=4$ の場合の利潤 $\Pi(4, Q)$ の数値例が示されています。収入 $R(4, Q)$ から総

費用 $C(Q)$ を差し引いて，利潤が得られていることを確認してください。

そして**表 5.1** において，利潤$\Pi(4, Q)$ は生産量 $Q=13$ もしくは 14 において，利潤Πは 15 で最大になっていることが分かります。もし，生産量が，**表 5.1** の数値例にある整数ではなく，小数のように細かく表記することができれば，利潤を最大にする生産量は一意に決まるはずです。ここでは便宜的に，生産量 $Q=13.5$ のとき，利潤が最大になっているとして，今後の話を進めます。

生産量 $Q=13.5$ でなければ，利潤は最大になりません。たとえば，生産量 $Q=10$ のとき利潤$\Pi=7$，生産量 $Q=16$ のとき利潤$\Pi=9.5$ です。なお，生産量 $Q=2$ または 3 のとき，利潤Πは -14 で最小になります。

コラム 5.1　価格に影響を与える企業の存在

　基礎的な経済学では，企業の経済行動が，価格に影響を与えないことを前提にしますが，現実の経済をみると，その前提が崩れている場合があります。

　たとえば，ある財・サービスを供給している企業が 1 つしかない場合があります。これを**独占**とよびます。電力やガスは，かつてその地域で供給できる企業が 1 社に限定されていました。また，電話事業も，日本電信電話公社（電電公社）という会社（現在は NTT）の独占でした。

　独占がある場合は，その企業しか財・サービスを供給しないため，競争が生じないことから，独占企業が自分自身で価格を設定することが可能になります。そのため，本章で考えている前提とは異なる状況になります。

　また，独占でなくても，少数の企業しか，ある財・サービスを供給していない場合があります。これを**寡占**とよびます。たとえば，携帯電話産業やビール産業は少数の企業しか存在しないため，寡占だと考えることができます。また，寡占のなかでも，ある財・サービスを 2 社だけが供給する場合が**複占**です。

　寡占や複占でに，企業同士が結託しない限り，競争は存在しますが，相手企業の価格設定を考えながら，自身の価格を設定できるため，やはり本章で考えている前提とは異なります。

　独占，寡占，複占については，本章の前提よりも高度な経済学で扱いますが，それらを学ぶ際にも，本章の前提が基礎になりますので，まずは本章の内容をよく理解してください。

● 収入曲線を図示してみる

表 5.1 の数値例にある価格 $P=4$ のときの収入 $R(4, Q)$ を，図 5.2 に**収入曲線**として図示してみます。ここでの収入曲線は，原点 0 を通る 1 次関数の直線です。曲線は，直線も含めた概念として用いています。

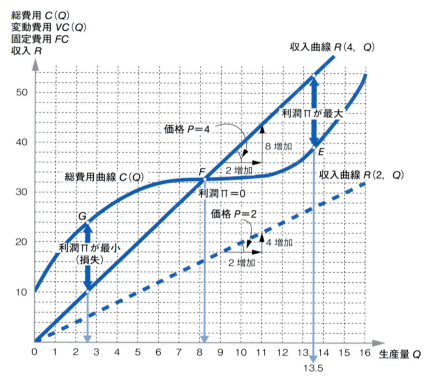

図 5.2 チョコレート企業の収入曲線

収入曲線 $R(4, Q)$ の傾きは価格 $P=4$ と等しくなります。図示しているように，生産量 Q が 2 だけ増加するとき，収入 Π は 8 増加しています。そのため，直線である収入曲線の傾きは 4 です。

図 5.2 には，図 5.1 に示した総費用曲線 $C(Q)$ も示しています。先の式にあるように，収入 $R(4, Q)$ から総費用を差し引くと利潤 $\Pi(4, Q)$ が得られます。生産量 $Q=13.5$ のとき，利潤は最大になります（E 点）。一方，生産量 $Q=2 \sim 3$ において，利潤は最小（損失が最大）になります（G 点）。また，生産量 $Q=8 \sim 9$ において，利潤は 0 になります（F 点）。

なお、図 5.2 に図示している収入曲線 $R(4, Q)$ は、チョコレートの価格 $P=4$ のときの収入曲線であることに注意しましょう。したがって、チョコレートの価格を変更すれば、また別の収入曲線 $R(P, Q)$ を描くことができます。

図 5.2 には、価格 $P=2$ のときの収入曲線 $R(2, Q)$ も破線で描いています。価格 $P=2$ のときの収入曲線は、どの生産量においても、総費用曲線 $C(Q)$ を上回りません。つまり、どのように生産量を設定しても、総費用 $C(Q)>$ 収入 $R(2, Q)$ が成立し、この企業は損失を被るということです。

この企業は、チョコレートの価格 P を操作できない前提でした。そのため、価格が $P=4$ ならば、この企業は生産量 Q の設定次第で、正の利潤を得ることができますが、$P=2$ ならば、この企業は常に損失を出します。企業にとって、損失を出し続けることはできないため、価格 $P=2$ の状況が続くならば、この企業は操業停止に追い込まれることになります。

● 利潤曲線を図示してみる

図 5.2 に、価格 $P=4$ のときの収入曲線 $R(4, Q)$ と、総費用曲線 $C(Q)$ を描くことができたので、収入曲線から総費用曲線を差し引いた利潤曲線 $\Pi(4, Q)$ を、図 5.3 に描いてみます（限界利潤については後述します）。表 5.1 にある価格 $P=4$ のときの利潤の数値例も合わせて確認をしてください。

図 5.3 の利潤曲線 $\Pi(4, Q)$ は、生産量 $Q=0$ で利潤 $\Pi=-10$、すなわち損失 10 です。このチョコレート企業は、生産活動をまったく行わなくても、固定費用 FC だけの損失を被ります。

生産量 $Q=0$ から徐々に生産量 Q を増やしてゆくと、いったん利潤 Π は負、すなわち損失の拡大に向かいますが、その後に反転して、負の利潤（損失）は縮小してゆきます。そして生産量 $Q=8$ と 9 の間で、利潤はゼロになります。

さらに生産量 Q を増やしてゆくと、利潤 Π は増えてゆきます。そして生産量 $Q=13.5$ のとき利潤は最大になります。ここから生産量を増やすと、逆に利潤は減ってゆきます。したがって、利潤曲線 $\Pi(4, Q)$ は S 字型になります。

図 5.3 には参考までに、価格 $P=2$ のときの利潤曲線 $\Pi(2, Q)$ と、$P=3$ のときの利潤曲線 $\Pi(3, Q)$ を描いています。利潤曲線 $\Pi(3, Q)$ については、生産量 $Q=13$ において、利潤が最大になっていますが、価格 $P=4$ のときの

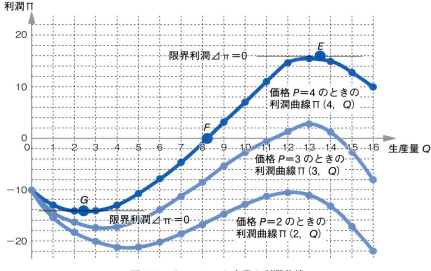

図 5.3 チョコレート企業の利潤曲線

利潤に比べると小さいことがわかります。また，利潤曲線 $\Pi(2, Q)$ については，どんな生産量でも，利潤は正になりません。このことは，価格 $P=2$ のもとでは，このチョコレート企業は生産活動ができないことを意味しています。

> **復習**
> (1) 企業は，最大の利潤を得るために，どのように財・サービスを生産するかを考えている。これが企業の_____行動である。
> (2) 総費用は，一定の固定費用と，生産量によって変化する_____に分けられる。
> (3) 収入から総費用を差し引けば_____が得られる。
> (4) 価格が低いと，どのような生産量でも，企業は_____を被ることになる。

レクチャー 5.3　平均費用と限界費用

● 平均費用と生産量1単位当たり利潤の関係

　これまで本章では，収入 $R(P, Q)$ から総費用 $C(Q)$ を差し引いた利潤 $\Pi(P, Q)$ を定式化して，チョコレート企業が利潤を最大化するための生産量

Q を求めていました。すなわち，ある価格 P が与えられているときに，

$$\text{利潤}\Pi(P,\ Q) = \text{収入}\ R(P,\ Q) - \text{総費用}\ C(Q)$$
$$= \text{価格}\ P \times \text{生産量}\ Q - \text{総費用}\ C(Q)$$

となるので，この利潤を最大化する生産量を探していました。

ここからは，別の視点で企業の利潤最大化行動を考えます。それは，生産量1単位当たりで考える方法です。上の式の両辺を生産量 Q で割ります。

$$\frac{\text{利潤}\Pi(P,\ Q)}{\text{生産量}\ Q} = \text{価格}\ P - \frac{\text{総費用}\ C(Q)}{\text{生産量}\ Q}$$

最後の項「$C(Q)/Q$」は，**平均費用** AC（Average Cost）という重要な概念です。平均費用 AC は生産量 Q の関数なので，$AC(Q)$ と書いておきます。平均費用は，生産量1単位当たりの総費用を示しています。

また，最初の項「$\Pi(P,\ Q)/Q$」は，便宜的に生産量1単位当たり利潤 π（小文字のパイ）としておきます。生産量1単位当たり利潤は価格 P と生産量 Q の関数なので，$\pi(P,\ Q)$ とします。

$$\text{生産量1単位当たり利潤}\ \pi(P,\ Q) = \text{価格}\ P - \text{平均費用}\ AC(Q)$$

この式から，生産量1単位当たり利潤 $\pi(P,\ Q)$ が正，すなわち正の利潤を企業が得るためには，価格 $P >$ 平均費用 $AC(Q)$ であることが必要です。価格＝平均費用のとき，生産量1単位当たり利潤はゼロです。また，価格＜平均費用ならば，生産量1単位当たり利潤は負，すなわち損失が発生します。

先の図 5.2 において，チョコレート企業は，価格 $P=4$ のときは正の利潤を得ることができましたが，価格 $P=2$ では，どのような生産量 Q でも正の利潤は得ることができませんでした。

それを確認するために表 5.2 には，チョコレート企業における平均費用 $AC(Q)$ を示しています。表 5.2 においては，生産量 $Q=13$ のとき，平均費用 $AC(13)=2.85$ で最小となっています。したがって，このチョコレート企業は，平均費用 $AC(13)=2.85$ を超える価格 P で，チョコレートを販売しなければ，正の利潤を得ることができません。

それぞれの生産量 Q のもとでの平均費用 $AC(Q)$ を計算し，財・サービスの価格 P と比較することで，企業の利潤 $\Pi(P,\ Q)$，または生産量1単位当た

レクチャー5.3 平均費用と限界費用

表5.2 チョコレート企業における生産量，限界利潤，平均費用，限界費用

生産量 Q	0	1	2	3	4	5	6	7	8	9
総費用 $C(Q)$	10	17	22	26	29	31	32	32.5	32.7	32.8
利潤 $\Pi(4, Q)$	−10	−13	−14	−14	−13	−11	−8	−4.5	−0.7	3.2
限界利潤 $\Delta\pi(4, Q)$		−3	−1	0	1	2	3	3.5	3.8	3.9
平均費用 $AC(Q)$		17	11	8.66	7.25	6.2	5.33	4.64	4.09	3.64
限界費用 $MC(Q)$		7	5	4	3	2	1	0.5	0.2	0.1

生産量 Q	9	10	11	12	13	14	15	16
総費用 $C(Q)$	32.8	33	33.5	34.5	37	41	46.5	53.5
利潤 $\Pi(4, Q)$	3.2	7	10.5	13.5	15	15	13.5	9.5
限界利潤 $\Delta\pi(4, Q)$	3.9	3.8	3.5	3	1.5	0	−1.5	−4
平均費用 $AC(Q)$	3.64	3.3	3.05	2.88	2.85	2.93	3.1	3.34
限界費用 $MC(Q)$	0.1	0.2	0.5	1	2.5	4	5.5	7

備考：限界利潤 $\Delta\pi$ と限界費用 MC は生産量の変化 $\Delta Q=1$ として計算。

り利潤 $\pi(P, Q)$ の正負を知ることができるのです。

● **価格＝限界費用が利潤最大化の条件**

次は，家計の経済行動でも登場した限界概念（第3章 p.70参照）で利潤 $\Pi(P, Q)$ と総費用 $C(Q)$ を考えてみます。再び，下記の利潤の式から始めますが，いま，生産量はある水準 Q^* だとします。

　　利潤 $\Pi(P, Q^*)=$ 価格 P ×生産量 Q^* −総費用 $C(Q^*)$

このとき，生産量 Q^* が微少に ΔQ だけ増えたとしましよう。生産量が $(Q^* + \Delta Q)$ に変化したとき，利潤の変化 $\Delta\Pi$ は，次のようになります。

　　利潤の変化 $\Delta\Pi(P, Q)$
　　　＝価格 P ×生産量の変化 ΔQ −総費用の変化 $\Delta C(Q)$

両辺を生産量の変化 ΔQ で割ります。

$$\frac{利潤の変化 \varDelta \Pi (P,\ Q)}{生産量の変化 \varDelta Q} = 価格\ P - \frac{総費用の変化 \varDelta C(Q)}{生産量の変化 \varDelta Q}$$

最後の項「$\varDelta C(Q)/\varDelta Q$」は，**限界費用** MC（Marginal Cost）という重要な概念です。限界費用 MC は生産量 Q の関数なので，$MC(Q)$ と書いておきます。<u>限界費用は，生産量を 1 単位増やしたときの，その 1 単位に対する総費用の増加分を示しています。</u>

また，最初の項「$\varDelta \Pi (P,\ Q)/\varDelta Q$」は，便宜的に限界利潤 $\varDelta \pi$（$= \varDelta \Pi (P,\ Q)/\varDelta Q$）とします。限界利潤は，生産量を 1 単位増やしたときの，その 1 単位に対する利潤の増加分です。したがって，次のように整理できます。

限界利潤 $\varDelta \pi (P,\ Q) = 価格\ P - 限界費用\ MC(Q)$

表 5.2 には，価格 $P=4$，生産量の変化 $\varDelta Q=1$ としたときの限界利潤 $\varDelta \pi (4,\ Q)$ が示されています。先の**図 5.3** では，利潤曲線 $\Pi (4,\ Q)$ の傾きとして，限界利潤 $\varDelta \pi$ を表現しています。<u>生産量 $Q=2$〜3 のとき，そして生産量 $=13$〜14 のとき，限界利潤 $\varDelta \pi =0$，利潤が最大または最小になります。</u>

チョコレート企業の経営者としては，利潤 $\Pi(4,\ Q)$ が最大になる生産量 Q を選ぶ必要があります。そこで，先の式に限界利潤 $\varDelta \pi (P,\ Q) = 0$ を代入すれば，

価格 $P = 限界費用\ MC(Q)$

となります。いま，価格 $P=4$ なので，限界費用 $MC(Q)=4$ であり，最大の正の利潤を得る生産量は，**表 5.2** によれば生産量 $Q=13.5$ になります。<u>企業にとっては，価格 P が与えられたとき，限界費用 $MC(Q)$ と価格が等しくなる生産量 Q を選ぶことが，利潤 $\Pi (P,\ Q)$ を最大化する条件なのです。</u>

● 平均費用曲線と限界費用曲線を図示する

ここまでで，平均費用 $AC(Q)$ が利潤 $\Pi (P,\ Q)$ の正負を決めること，価格 P と限界費用 $MC(Q)$ が最大の利潤を得る生産量 Q を決める条件であることを学びました。これらのことを図で確認しましょう。

先の**表 5.2** にある平均費用 $AC(Q)$ と限界費用 $MC(Q)$ を図示したものが**図 5.4** です。それぞれ，**平均費用曲線**と**限界費用曲線**です。双方の曲線は，下

に凸型になります。

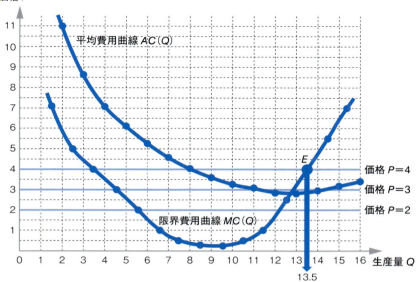

図 5.4　チョコレート企業の平均費用曲線と限界費用曲線

　まず，平均費用曲線 $AC(Q)$ は，生産量 $Q=13$ のときに最小になっています。平均費用は生産量 1 単位当たりの総費用なので，チョコレートの価格 P が平均費用を超えなければ，この企業は正の利潤を得ることができません。

　図 5.4 には，価格 $P=4$，$P=3$，$P=2$ の水平な直線も示しています。価格 $P=4$ と $P=3$ のときは，適当な生産量 Q を選べば，平均費用曲線 $AC(Q)$ を上回る（$P>AC(Q)$）ことができ，正の利潤を確保できます。しかし，$P=2$ のときは，どのような生産量にしたとしても，平均費用曲線を上回ることができず（$P<AC(Q)$），正の利潤を確保できません。

　次に，限界費用曲線 $MC(Q)$ は，生産量 $Q=8\sim9$ のときに最小となっています。与えられた価格 P と限界費用が等しくなる（$P=MC(Q)$）ように，生産量を選ぶとき，利潤 $\prod(P,\ Q)$ が最大になります。図 5.4 によれば，価格 $P=4$ のとき，限界費用曲線と交わる（等しくなる）生産量は $Q=13.5$ であり，このときの利潤は最大になっています。

レクチャー 5.4　右上がりの供給曲線

● 収入，総費用，利潤を図で確認する

　本章の最大の目的は，財・サービス市場の供給曲線が，右上がりに描かれることを確認することです。その目的を達成するための道具は，すべてそろっていますが，その前に，これまでの重要な概念であった収入，総費用，利潤について，図で確認してゆきましょう。

　ただし，図 5.2 と図 5.3 で示した収入曲線，総費用曲線，利潤曲線を使うのではなく，平均費用曲線 $AC(Q)$ と限界費用曲線 $MC(Q)$ が描かれた図 5.4 と同じ図に，収入，総費用，利潤を示します。標準的な経済学では，図 5.2 と図 5.3 のような総額を示す図よりも，生産量 1 単位当たりで示された図 5.4 のほうが頻繁に登場します。

　図 5.5 には，下に向かって凸型の平均費用曲線 $AC(Q)$ と限界費用曲線 $MC(Q)$ が描かれています。生産量 Q が少ないときは，平均費用曲線のほうが限界費用曲線よりも大きくなります。平均費用曲線の最小点（M 点）で，平均費用曲線と限界費用曲線が交わります。生産量が大きいときは，限界費用曲線が平均費用曲線を上回ります。

　価格 P^* が水平な直線で与えられたとき，限界費用曲線 $MC(Q)$ と価格が交わる E 点において，利潤 $\Pi(P^*, Q)$ を最大にする生産量 Q^* が決定されます。このとき，価格 P^* のもとでの収入 $R(P^*, Q^*)$，総費用 $C(Q^*)$，利潤はどのように図示できるでしょうか。

　まず収入 $R(P^*, Q^*)$ は，価格 $P^* \times$ 生産量 Q^* で計算されます。したがって，図 5.5 においては，□$OREJ$ の面積が収入を示します。そして，総費用 $C(Q^*)$ は，平均費用 $AC(Q^*) \times$ 生産量 Q^* で示されます。したがって，□$ORKN$ の面積が，総費用に相当します。利潤 $\Pi(P^*, Q^*)$ は，収入から総費用を差し引いて得られました。そのため，□$NKEJ$ の面積が利潤です。

　このようにして，図 5.2 と図 5.3 での収入曲線，総費用曲線，利潤曲線を，面積という形で，図 5.5 において表現できました。図 5.5 では，縦軸が生産量 1 単位当たりになっていることから，横軸の生産量 Q との面積を求めることで，収入，総費用，利潤といった総額の概念を示すことができるのです。

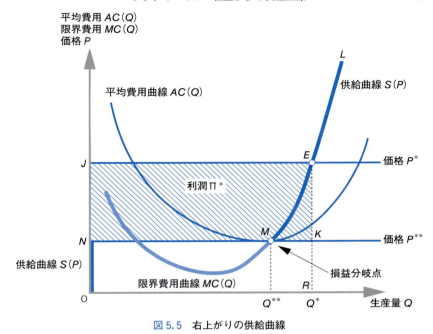

図5.5 右上がりの供給曲線

● 供給曲線は右上がりになる

図5.5では，本章の最大の目的である**供給曲線** $S(P)$ も示されています。**供給** $S(P)$ とは，価格 P が与えられたときに，企業の利潤を最大化する生産量 Q の関係を示すものです。チョコレート企業の場合は次のようになります。

チョコレートの生産量 Q（個数）＝供給関数 S（チョコレートの価格 P）

図5.5では，価格 P^* のもとで，利潤を最大化する生産量は Q^* として得られました。価格を変化させたとき，利潤を最大化する生産量もまた，限界費用曲線 $MC(Q)$ に沿って変化します。すなわち，価格が与えられたとき，利潤を最大化する生産量が，限界費用曲線によって決められます。

だとすれば，供給曲線 $S(P)$ は，限界費用曲線 $MC(Q)$ に沿って存在することになります。図5.5の右上には，太い実線で供給曲線が示されています。なお，供給曲線は限界費用曲線の上にあります。限界費用曲線は生産量 Q の関数なので，生産量が決まれば限界費用も決まる関係ですが，供給曲線は価格が決まれば供給が決まる関係であることに注意したいです。

また，図 5.5 の右上の供給曲線は，最小の平均費用 $AC(Q^{**})$ と同じ水準の価格 P^{**} よりも下には伸びていません。企業は，損失を出すような価格では供給できません。利潤 $\Pi=0$ になる価格 P^{**} よりも低い価格では，限界費用曲線 $MC(Q)$ に沿って供給曲線 $S(P)$ を決めることはできないのです。

そのため，平均費用曲線 $AC(Q)$ と限界費用曲線 $MC(Q)$ が交わる M 点は**損益分岐点**です。損益分岐点よりも高い価格 P ならば正の利潤，低い価格ならば負の利潤，つまり損失になります。図 5.5 には左下に，太い実線の直線で供給曲線 $S(P)$ が描かれています。つまり，価格 P^{**} よりも低い価格では，この企業は供給ができないため，生産量 $Q=0$ の供給曲線となります。

以上より，供給曲線 $S(P)$ は，最小の平均費用 $AC(Q^{**})$ に等しい価格 P^{**} よりも価格 P が低い場合は供給がゼロ，それ以外の価格では，限界費用曲線 $MC(Q)$ に沿った右上がりの曲線になります。

● **生産者余剰の意味**

図 5.6 には，ある企業の供給曲線が描かれています。いま，その企業の生産する財・サービスに関して，価格 P^* と供給曲線 $S(P)$ が交わる E 点で，生産量 Q^* が決定されています。E 点は，この企業にとって利潤が最大になっていると同時に，もう一つの意味をもっています。それは，**生産者余剰**が最大になっていることです。ここでは，生産者余剰の意味について考えます。

図 5.6 において，生産量 Q^* のもとでの生産者余剰は $\triangle HEI$ の面積になります。この企業の経営者は，生産している財・サービスの価格が P^{***} になると考え，その場合の供給曲線に沿って生産量を Q^{***} にするつもりだったとしましょう。ところが，実際の価格は P^* だったとします。

経営者にとって，価格は P^{***} でも販売できるのに，P^{***} より高い P^* で財・サービスを販売することができるのは，とても都合がよいことです。価格の差額 (P^*-P^{***}) だけ，この企業は「得」をしたことになります。これを表現しているのが図 5.6 の線分 GF です。

企業が「得」をした部分を集めた面積が生産者余剰です。企業は，生産量を 1 単位追加して得られる生産者余剰が正である限り，生産量を増やします。つまり，生産量 Q^{***} に留まるのではなく，生産量 Q^* まで拡大します。その結果，生産者余剰が $\triangle HEI$ で最大になります。

レクチャー 5.4 右上がりの供給曲線

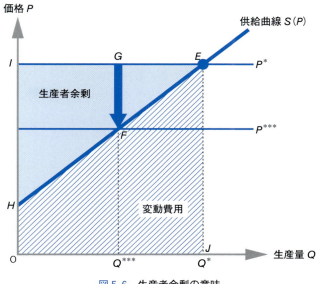

図 5.6 生産者余剰の意味

なお，□OJEH は，供給曲線 $S(P)$ と横軸で囲われた面積ですが，これは変動費用 $VC(Q^*)$ を意味します。なぜなら，これは限界費用曲線 $MC(Q)$ と横軸で囲われた面積であり，限界費用 MC は変動費用によって生じるからです。

□OJEI の面積が，価格 P^* のもとで，生産量 Q^* を産出する企業の収入 $R(P^*, Q^*)$ であることから，下記の関係が成り立ちます。

　収入（□OJEI）−変動費用（□OJEH）
　　＝生産者余剰（△HEI）＝利潤 $\Pi(P^*, Q^*)$ ＋固定費用 FC

● 労働の限界生産力は逓減する

家計の労働供給曲線が右上がりになることは，すでに学びました（第 4 章 p. 122 参照）。本章では最後に，企業の労働需要曲線が右下がりに描かれることを示します。まず，ある企業の財・サービス Y は，労働 L によって生産されると考えます。F は生産関数です（第 1 章 p. 11 参照）。

$$Y = F(L)$$

図5.7は，生産関数 $F(L)$ を描いています．労働量 L を ΔL の等間隔で L_1, L_2, …, L_6…のように増やしてゆくとき，生産される財・サービスの数量 Y も，Y_1, Y_2, …, Y_6…のように増えてゆきます．労働量を ΔL だけ増やしたとき，生産量 Y がどれだけ増えるかを，**労働の限界生産力** MPL（Marginal Product of Labor）とよびます．

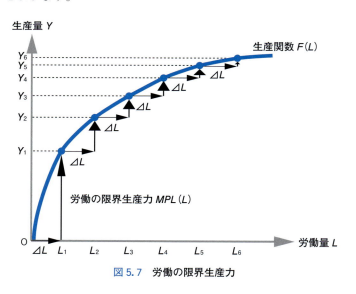

図 5.7　労働の限界生産力

$$労働の限界生産力\ MPL(L) = \frac{生産量の増加分\ \Delta Y}{労働量の増加分\ \Delta L}$$

労働の限界生産力は労働 L の関数なので，$MPL(L)$ と記しておきます．<u>労働量は増加分 ΔL で等間隔に増えているのに，労働の限界生産力 $MPL(L)$ は徐々に低下してゆきます</u>．その理由は，もう一つの生産要素である資本 K が，短期的に固定されているからです．

敷地面積が限定された工場（資本）で，多くの労働者を働かせようとしても，機械（資本）の数量は一定なので，生産量は劇的に増えません．コンビニの敷地面積も一定なので，店員（労働）をやたら増やしても，売上が劇的に増えることはないでしょう．労働の限界生産力は逓減するのです．

● 右下がりの労働需要曲線

労働の限界生産力 $MPL(L)$ が逓減することを，図 5.8 に**労働の限界生産力曲線** $MPL(L)$ として示します。労働の限界生産力とは，追加的な労働量の増加分 $\triangle L$ によって，生産量がどれだけ増えるかを示しています。労働の限界生産力は，企業の収入にとってプラスの要因です。

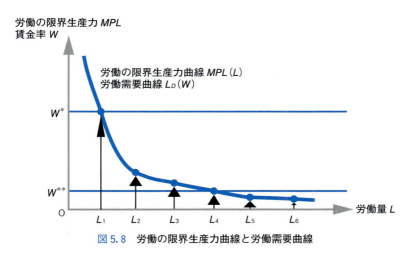

図 5.8　労働の限界生産力曲線と労働需要曲線

一方，企業の収入にとってマイナスの要因もあります。追加的に労働量が増えると，それだけ労働費を支払うことになります。$\triangle L$ が 1 単位の労働だとすれば，追加的な労働費は賃金率 W になります。

企業の利潤最大化行動では，価格 $P=$ 限界費用 MC の条件で，生産量が決定していました。企業の**労働需要**の決定においても，同様に限界概念が重要になります。すなわち，

　　賃金率 $W=$ 労働の限界生産力 $MPL(L)$

の条件を満たすように，労働需要 L が決められるのです。

図 5.8 では，賃金率 W^* のとき，労働需要は L_1 になります。賃金が W^{**} に低下すれば，労働需要は L_4 になります。賃金が低いほど，労働を安く雇用できるため，労働需要は増加します。そのため，**労働需要曲線** $L_D(W)$ は，労働の限界生産力曲線 $MPL(L)$ に沿って右下がりになります。

すなわち，労働需要 $L_D(W)$ は次のように示すことができます。

労働需要 L_D ＝労働需要関数 L_D(賃金 W)

以上で，労働需要曲線が右下がりになることが分かりました。本書では，資本市場における資本需要曲線（企業側）と資本供給曲線（家計側）については省略しますが，財・サービス市場と労働市場と同様に，資本需要曲線は右下がり，資本供給曲線は右上がりに描くことができます。

復習
(1) 財・サービスの価格と ☐ 費用を比較することで，企業の利潤の正負を知ることができる。
(2) 財・サービスの価格と ☐ 費用が等しくなる生産量を選ぶことで，企業は利潤を最大化することができる。
(3) 最小の平均費用よりも低い価格のもとでの供給はゼロで，それ以外の価格のもとでは，限界費用曲線に沿った右上がりの ☐ が得られる。
(4) 賃金率を縦軸，労働量を横軸とすれば，労働の ☐ 曲線は右下がりになる。

練習問題
問題1　総費用
変動費用 VC が生産量 Q の関数で，固定費用 FC は生産量に関わらず一定のとき，これらを合わせた総費用 C は，どのようにして表現できるでしょうか。次のうちから選びなさい。　　　　　　　　　　　　　　　ヒント：p.129～131 を読もう！

(1) 総費用 $C(Q)$ ＝固定費用 FC ＋変動費用 $VC(Q)$
(2) 総費用 $C(Q)$ ＝固定費用 $FC(Q)$ ＋変動費用 VC
(3) 変動費用 $VC(Q)$ ＝固定費用 FC ＋総費用 $C(Q)$
(4) 変動費用 VC ＝固定費用 $FC(Q)$ ＋総費用 C

問題2　総費用曲線の形状
縦軸を費用，横軸を生産量としたときに描かれる総費用曲線が逆Ｓ字型になるときの記述のうち，誤っている文章は次のどれでしょうか。

ヒント：p.131～132 を読もう！

(1) 生産関数のインプットとして資本と労働を想定している。
(2) 一方のインプットである資本の数量は短期的に変動しないと想定している。
(3) 変動費用曲線が逆S字型になるため，総費用曲線も逆S字型になる。
(4) 固定費用曲線が逆S字型になるため，総費用曲線も逆S字型になる。

問題3　利　潤

生産している財・サービスの価格を操作できない企業の利潤に関する記述のうち，誤っている文章は次のどれでしょうか。　　ヒント：p.133〜137を読もう！

(1) 収入から総費用を差し引くと利潤になる。
(2) 総費用曲線が逆S字型になるとき，利潤が最小となる生産量が存在する。
(3) 総費用曲線が逆S字型になるとき，利潤が最大となる生産量が存在する。
(4) 総費用曲線が逆S字型になるとき，利潤が常に負になる価格は存在しない。

問題4　平均費用

生産している財・サービスの価格を操作できない企業の平均費用に関する記述のうち，誤っている文章は次のどれでしょうか。　　ヒント：p.137〜140を読もう！

(1) 変動費用を生産量で割ることで平均費用が得られる。
(2) 価格＝平均費用ならば，その生産量での利潤はゼロである。
(3) 価格＜平均費用ならば，その生産量での利潤は負である。
(4) 価格＞平均費用ならば，その生産量での利潤は正である。

問題5　限界費用

生産している財・サービスの価格を操作できない企業の限界費用に関する記述のうち，誤っている文章は次のどれでしょうか。　　ヒント：p.139〜140を読もう！

(1) 生産量が1単位増加したときの，その1単位に対する総費用の増加分が限界費用である。
(2) 価格＝限界費用ならば，企業の利潤は最大になる生産量を選ぶことができる。
(3) 価格＜限界費用ならば，企業は1単位の生産量を増やして，その1単位に対する正の利潤を得ることができる。
(4) 価格＝限界費用ならば，利潤は最大もしくは最小だが，利潤が正か負かは，価格と平均費用によって決められる。

問題6　供給曲線と生産者余剰

生産している財・サービスの価格を操作できない企業の供給曲線と生産者余剰に関する記述のうち，誤っている文章は次のどれでしょうか。

ヒント：p.142〜145を読もう！

(1) 平均費用曲線に沿って，供給曲線が描かれる。

(2) 平均費用以下の価格のもとでは，供給はゼロになる。
(3) 生産者余剰は収入から変動費用を差し引いて得られる。
(4) 生産者余剰は利潤に固定費用を加えて得られる。

問題7　レポート①

第5章の内容を踏まえ，下記をテーマにレポート（1,000字以上）を作成しなさい。

(1) 総費用について説明せよ。「総費用について」
(2) 利潤について説明せよ。「利潤について」
(3) 平均費用と限界費用について説明せよ。「平均費用と限界費用について」
(4) 右上がりの供給曲線はどのようにして得られるのか。「供給曲線について」

問題8　レポート②

第5章を読む前と読んだ後を比較して，どのような考えを得ることができたか，「第5章を読んで」をテーマにレポート（1,000字以上）を作成しなさい。

練習問題解答

問題1　正解（1）

問題2　正解（4）：固定費用曲線は生産量に対して一定である。

問題3　正解（4）：利潤が常に負となる価格は存在する。

問題4　正解（1）：総費用を生産量で割ることで平均費用が得られる。

問題5　正解（3）：価格＞限界費用ならば，企業は1単位の生産量を増やして，その1単位に対する正の利潤を得ることができる。

問題6　正解（1）：限界費用曲線に沿って供給曲線が描かれる。

問題7　正解省略

問題8　正解省略

第6章
市場の働きと政策の効果

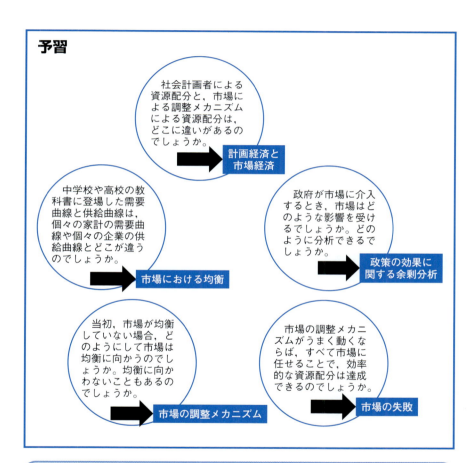

学びのポイント
1. 集計された市場需要曲線と市場供給曲線について知る。 ──→ p.152
2. 市場の調整メカニズムがどのように機能するかを学ぶ。 ──→ p.159
3. 市場の失敗と政府の役割について知る。 ──→ p.168
4. 政策の効果をどのように分析するかを学ぶ。 ──→ p.176

レクチャー 6.1　市場需要曲線と市場供給曲線

● 計画経済と市場経済による資源配分の違い

　第3章では通常の需要曲線が右下がりに，第5章では通常の供給曲線が右上がりになることの理由を知り，その背景にある考え方を学びました。通常の需要曲線が右下がりに描かれ，通常の供給曲線が右上がりに描かれる背景には，さまざまな「暗黙の前提」がありました。

　「暗黙の前提」を積み重ねることで，需要曲線と供給曲線の図が描かれています。これまで，「通常」の需要曲線もしくは「通常」の供給曲線という表現をしてきたのも，「暗黙の前提」があるからでした。

　「暗黙の前提」が崩れると，「通常」でない需要曲線や供給曲線を描くことができます。そのような需要曲線と供給曲線について学ぶ場合も，まずは「暗黙の前提」が何だったかを知らなければならないのです。

　本章では，需要曲線と供給曲線を同時に考えることで，市場の働きについて学びます。市場では，需要と供給が出会い，価格が決められ，取引がなされます（第2章 p.50 参照）。取引が行われるのは，その価格のもとでは，需要側と供給側が納得しているからです。市場は価格を媒介にして，資源配分を行う力を持っているのです。

　市場とは別に，資源配分を決める方法がありました（第1章 p.23 参照）。図6.1 をご覧ください。これは，社会計画者が資源配分を決める方法を描いています。かつてのソビエト連邦や中国のように，時の中央政権が，特定の期間に生産すべき財・サービスの数量を計画し，その計画にもとづいた生産を工場（企業）に命令し，実行させる**計画経済**です。そのようにして生産された生産物は，人々（家計）に計画的に配給され，消費されます。

　一方，純粋な**市場経済**による資源配分は，社会計画者の計画や命令はありません。企業は利潤最大化のもとで生産を行い，家計は効用最大化のもとで消費を行います。市場が需要と供給の数量を調整するのです。計画経済が**中央集権**的に経済をとらえるのに対して，市場経済は企業と家計に自由を与えて**分権**的に経済をとらえることに特徴があります。

　本書は，市場経済について学ぶことを目的にしていますが，かつて，いくつかの国において実施されていた計画経済による資源配分と，市場経済による資

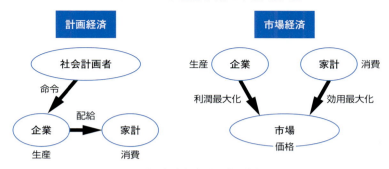

図 6.1　計画経済と市場経済の資源配分

源配分には，どのような違いがあるかを考えることは重要です。

　計画経済による資源配分は，ソビエト連邦や中国をはじめ，いくつかの国が実施していましたが，1989 年のベルリンの壁の崩壊以後，計画経済を採用する国はほとんどなくなりました。

　計画経済の問題は様々に指摘できますが，市場経済との違いで顕著な点は，情報にあったと考えられます。計画経済では，社会計画者が，企業の生産能力，家計が必要とするニーズを，すべて把握することが，よりよい資源配分を行うための条件になります。しかしながら，社会計画者は全知全能の神ではないため，そのような情報を把握することができず，現実には無理で無駄な資源配分がなされたのでした。

　人間の歴史は，計画経済による資源配分よりも，市場経済による資源配分に軍配を上げました。ただし，市場経済による資源配分が，完璧なのかといえば，そうでもありません。市場経済による資源配分の限界については，経済学の重要な論点になっていることから本章でも扱いますが，まずは市場経済による資源配分，すなわち市場の働きについて本章で考察しましょう。

● 集計された市場需要曲線の求め方

　市場の働きについて考えるため，市場における需要曲線と供給曲線の図を描きますが，その前に，市場における需要曲線について考察しましょう。

　第 3 章や第 4 章に登場した需要曲線は，ある 1 つの家計の需要曲線であったことを思い出してください。ある 1 つの家計の需要曲線は，市場の需要曲線とは異なります。なぜなら，ある 1 つの家計の需要曲線は，その財・サービスの

価格が与えられたとき，その家計の需要を決定する意味をもちますが，その財・サービスの市場全体における需要は分かりません。

したがって，ある財・サービスの**市場需要曲線**を求めるには，その市場に参加している個々の家計の需要曲線を足し合わせなければなりません。そこで，個々の家計の需要曲線を足し合わせ，市場需要曲線を求めます。

いま，ある社会に，A 君と B さんの 2 人の家計だけがいるとします。2 人だけの社会の想定は，特殊だと思われるかもしれませんが，これを 3 人，4 人，……と多数の家計がいる社会に拡張することは容易です。簡単化のため，2 人だけの家計の社会を考えます。

A 君が，牛乳についての需要曲線をもっているとします。牛乳 1 リットルの価格 P が決められたとき，A 君の需要 X_A が決定されるという需要関数 $D_A(P)$ を想定します。

A 君の需要 X_A ＝ A 君の需要関数 $D_A(P)$

図 6.2 の左図に，A 君の需要曲線を右下がりに描きました。同じように，B さんの需要関数 $D_B(P)$ を想定し，図 6.2 の中図に B さんの右下がりの需要曲線を描きます。

B さんの需要 X_B ＝ B さんの需要関数 $D_B(P)$

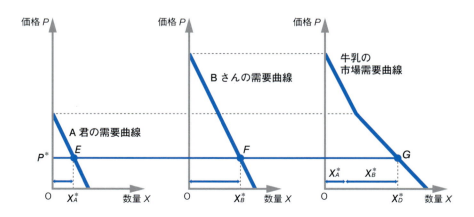

図 6.2　集計された市場需要曲線

いま，牛乳1リットルの価格がP^*の水準だとしましょう。このとき，価格P^*とA君の需要曲線はE点，Bさんの需要曲線はF点で交わっています。したがって，A君の需要はX_A^*，Bさんの需要はX_B^*になります。

この社会にはA君とBさんの2人の家計しかいません。そのため，2人の需要を足し合わせたものが，牛乳の市場需要X_Dになります。価格P^*では，次の市場需要X_D^*が得られます。図6.2の右図ではG点に該当します。

市場需要X_D^*＝A君の需要X_A^*＋Bさんの需要X_B^*

これと同じ作業を，異なる水準の価格Pでも行います。すると，図6.2の右図に牛乳の市場需要曲線を描くことができます。つまり，個々の家計の需要曲線を横に足し合わせれば，市場需要曲線が得られるのです。

市場需要曲線は，価格Pが与えられたとき，市場において，どれくらいの財・サービスの需要が決まるかを示しています。そのため，下記のような**市場需要関数**$D(P)$をつくることができます。

市場需要X_D＝市場需要関数$D(P)$

この社会にはA君とBさんの2人の家計しかいませんが，家計の数が増えても，同じように市場需要曲線を描くことができます。こうして，牛乳の市場需要曲線が得られました。

● 集計された市場供給曲線の求め方

続いて，**市場供給曲線**を描いてみます。第5章に登場した供給曲線は，ある1つの企業の供給曲線でした。ある1つの企業の供給曲線と，市場の供給曲線は異なります。ある1つの企業の供給曲線は，その財・サービスの価格が与えられたときに，その企業の供給を決定する意味をもちますが，その財・サービスの市場全体における供給ではありません。

ある社会には，K企業とJ企業の2つの企業だけがあるとします。家計のときと同様に，2つだけの企業の想定は特殊ですが，これを多数の企業が存在する社会に拡張することは容易です。簡単化のために，ここでは2つだけの企業が存在する社会を考えます。

K企業もJ企業も，牛乳を生産しています。牛乳1リットルの価格Pが決

められたとき，K企業の供給 X_K が決定される供給関数 $S_K(P)$ を想定します。

　　K企業の供給 X_K ＝K企業の供給関数 $S_K(P)$

図6.3の左図に，K企業の供給曲線を右上がりに描きました。同様に，L企業の供給関数 $S_L(P)$ を想定し，図6.3の中図に右上がりの供給曲線を描きます。

　　L企業の供給 X_L ＝L企業の供給関数 $S_L(P)$

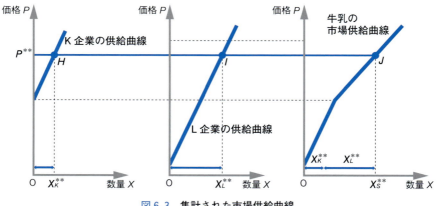

図6.3　集計された市場供給曲線

ここで，1リットルの牛乳の価格が P^{**} だとします。価格 P^{**} は，K企業の供給曲線とは H 点，L企業の供給曲線とは I 点で交わります。そのため，K企業の供給は X_K^{**}，L企業の供給は X_L^{**} になります。

この社会には，K企業とL企業しかありません。そのため，この2つの企業の供給を足し合わせたものが，牛乳の市場供給 X_S になります。価格 P^{**} では，次の市場供給 X_S^{**} が得られます。図6.3の右図では J 点に該当します。

　　市場供給 X_S^{**} ＝K企業の供給 X_K^{**} ＋L企業の供給 X_L^{**}

これと同じ作業を，異なる水準の価格 P でも行います。すると，図6.3の右図に牛乳の市場供給曲線を描くことができます。つまり，個々の企業の供給曲線を横に足し合わせれば，市場供給曲線が得られるのです。

市場供給曲線は，価格 P が与えられたとき，市場において，どれくらいの

財・サービスが供給されるかを示しています。そのため，下記のような**市場供給関数** $S(P)$ をつくることができます。

　　市場供給 X_S ＝市場供給関数 $S(P)$

　なお，この社会にはK企業とL企業の2つの企業しかいませんが，企業の数が増えても，同じように市場供給曲線を描くことができます。こうして，牛乳の市場供給曲線が得られました。

● 市場における均衡

　以上のようにして，牛乳市場における市場需要関数と市場供給関数を得ることができました。図6.4には，ある財・サービス市場における市場需要曲線と市場供給曲線を描いています。これらの需要曲線と供給曲線こそ，中学校の『公民』や高校の『政治経済』の教科書に登場した需要と供給の図です。

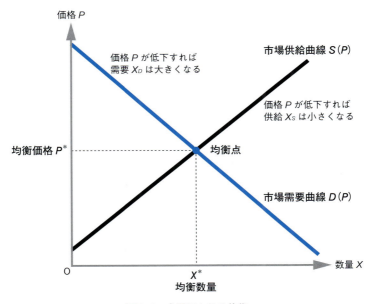

図6.4　市場における均衡

　ようやく中学校と高校の教科書の内容に追いついたのかといえば，まったくそうではありません。本書では，なぜ通常の需要曲線が右下がりに，なぜ通常の供給曲線が右上がりになるのかの理由を検討してきました。需要と供給の図

には，それだけの背景があることを知ったことが，中学校と高校の教科書と本書の違いなのです。

市場需要曲線は，個々の家計の需要曲線を集計して得られていました。価格が与えられれば，効用最大化の結果として，個々の家計が需要を決定し，それらを集計したものが，市場需要関数に反映されます。

また，市場供給曲線は，個々の企業の供給曲線を集計して得られていました。こちらも，価格が与えられれば，利潤最大化の結果として，個々の企業が供給を決定し，それらを集計したものが，市場供給関数に反映されます。

したがって，<u>ある価格のもとで，家計は効用最大化，または企業は利潤最大化という経済主体の最適化行動が行われた結果，市場の需要と供給の数量が決まるという，価格と数量の関係が市場需要関数であり，または市場供給関数であり，それらを描いた市場需要曲線と市場供給曲線なのです。</u>

ある価格 P のもとでの市場需要関数 $D(P)$ は需要である数量 X_D を，市場供給関数 $S(P)$ は供給である数量 X_S を決定します。まとめると，次のようになります。

　　市場需要 X_D ＝市場需要関数 $D(P)$
　　市場供給 X_S ＝市場供給関数 $S(P)$

通常の市場需要曲線は右下がりなので，価格 P が低下すれば，市場需要 X_D は大きくなります。通常の市場供給曲線は右上がりなので，価格 P が低下すれば，市場供給 X_S は小さくなります。<u>市場で取引が成立するためには，需要と供給の数量が一致しなければなりません。</u>

すなわち，市場需要と市場供給が一致するような価格を**均衡価格** P^* として見つけ出すことができれば，そのときの数量を**均衡数量** X^* として得ることができます。

　　市場需要 X_D^* ＝市場供給 X_S^* ＝均衡数量 X^*

図 6.4 にあるように，右下がりの市場需要曲線と右上がりの市場供給曲線が1点で交わるならば，その**均衡点**で均衡価格と均衡数量が決定します。

レクチャー 6.2 市場の調整メカニズム

● 市場の価格調整

図 6.4 は，あたかも均衡が自然に得られるかのように描いていますが，市場が常に均衡していると考えるのは早計です。取引が開始される当初は，均衡していないのが通常でしょう。また，一時は均衡していても，状況が変われば，均衡から外れることもあるでしょう。

閉店間際のスーパーマーケットでは，売れ残りの食料品の価格が値引されます。また，「豊作貧乏」になった農作物を，農家が廃棄する様子も，ニュースで見ることもあります。

市場における需要と供給の数量を一致させる過程は，私たちの日常でもみられます。こういった**市場の調整メカニズム**には，様々な過程が考えられますが，まずは**価格調整**について考えます。その様子を図 6.5 に描いています。

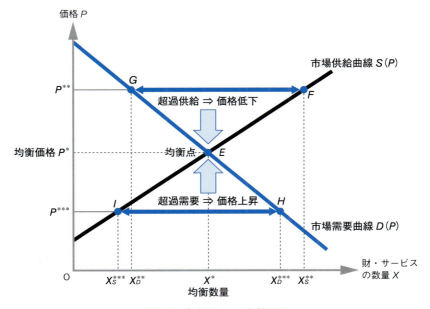

図 6.5 市場における価格調整

当初，価格が P^{**} であったとしましょう。このとき，家計の市場需要関数 $D(P^{**})$ によれば，家計の需要は X_D^{**} の数量になります（G 点）。一方，企業の市場供給関数 $S(P^{**})$ によれば，企業の供給は X_S^{**} の数量になります（F 点）。

このとき,

　　家計の需要 X_D^{**} ＜企業の供給 X_S^{**}

のように,需要が供給よりも小さい**超過供給**となり,需要と供給の数量が一致しません。

　超過供給のとき,市場の価格調整が働けば,価格が低下します。需要と供給の数量が一致する均衡まで,価格が低下したとき,均衡価格 P^* と均衡数量 X^* が実現します(E 点)。スーパーマーケットの売れ残り食料品への値引は,超過供給による価格低下だと考えられます。

　次に,価格が P^{***} であったとしましょう。このとき,家計の市場需要関数 $D(P^{***})$ によれば,家計の需要は X_D^{***} の数量になります(H 点)。一方,企業の市場供給関数 $S(P^{***})$ によれば,企業の供給は X_S^{***} の数量になります(I 点)。このとき,

　　家計の需要 X_D^{***} ＞企業の供給 X_S^{***}

のように,需要が供給よりも大きい**超過需要**となり,需要と供給の数量が一致しません。

　超過需要のとき,市場の価格調整が働けば,価格が上昇します。需要と供給の数量が一致する均衡まで,価格が上昇したとき,均衡価格 P^* と均衡数量 X^* が実現します(E 点)。

　以上のような市場の価格調整過程を**ワルラス的調整過程**ともよびます。

● 価格調整過程の安定性

　図 6.5 では,超過供給もしくは超過需要があれば,価格が低下もしくは上昇することで,市場は均衡点に到達する状況が描かれていました。このとき,価格調整過程は安定しているといいます。

　しかしながら,これはあくまで,通常の右下がりの需要曲線と,通常の右上がりの供給曲線を前提にしています。もし,需要曲線が右上がりであったり,供給曲線が右下がりであったとき,価格調整過程は安定的なのでしょうか。ここでは 4 つの図を図 6.6 に示しました。

　第 1 に左上の図(1)と右上の図(2)ですが,需要曲線と供給曲線はともに

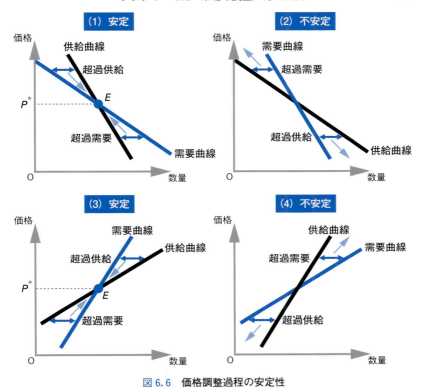

図 6.6 価格調整過程の安定性

右下がりになっています。図 (1) と図 (2) の違いは，需要曲線と供給曲線の位置です。第 2 に左下の図 (3) と右下の図 (4) ですが，需要曲線と供給曲線はともに右上がりになっています。図 (3) と図 (4) の違いは，需要曲線と供給曲線の位置です。

図 (1) と図 (3) では，当初の価格が均衡価格よりも高い場合は超過供給によって価格低下，当初の価格が均衡価格よりも低い場合は超過需要によって価格上昇となり，市場は均衡に向かうため，価格調整過程は安定しています。

ところが，図 (2) と図 (4) では，高い価格のもとでは超過需要となり，価格が上昇して均衡に向かいません。低い価格では超過供給となって，価格が低下し，やはり均衡に向かいません。これらの場合，市場は均衡に向かわず，価格調整過程は不安定です。

市場の価格調整過程が安定性をもつには，通常の需要曲線と供給曲線が必ず必要であるわけではありません。当初の価格が均衡価格よりも高い場合に超過

供給をつくるには，需要曲線よりも供給曲線が右側になければなりません。当初の価格が均衡価格よりも低い場合に超過需要をつくるには，供給曲線よりも需要曲線が右側になければならないのです。

ところで，図 (3) や図 (4) のように需要曲線が右上がりになる場合は，価格が上昇（低下）しているにも関わらず，需要が増加（減少）する財・サービスです。価格が下がると欲しいとは思わなくなる財・サービスですが，名づけた経済学者にちなんでギッフェン財とよびます。これは劣等財（第 4 章 p. 114 参照）の特殊ケースです。

また，供給曲線が右下がりになるような場合は，価格が上昇（低下）しているにも関わらず，供給が低下（増加）する財・サービスです。このような場合は，財・サービスではあまり想定できませんが，家計の労働供給曲線に生じることがあります。賃金率が十分に高い場合，家計の労働供給曲線は右下がり（後方に屈曲）になります（第 4 章 p. 122 参照）。

● **市場の数量調整**

ここまでは市場による価格調整を考えてきました。いま一つの市場の調整メカニズムとして数量調整があります。価格調整では，価格が変化することで需要と供給が一致しますが，数量調整は直接的に数量が変化して需要と供給が一致するメカニズムです。図 6.7 には，通常の右下がりの需要曲線と右上がりの供給曲線を描いています。

第 1 に，この市場において数量 X^{**} が提示されたとします。この数量のもとで，家計は価格 P_D^{**} で購入してもよいと考え（G 点），企業は価格 P_S^{**}（I 点）で財・サービスを売ってもよいと考えています。

家計が支払いを許容する価格を需要者価格，企業が販売を許容する価格を供給者価格とよびます。通常の需要関数と供給関数は，価格が与えられたときに数量を決めますが，ここでの需要関数と供給関数は，数量が与えられたときに，需要者価格と供給者価格を決めていることに注意しましょう。

数量 X^{**} のもとでは，需要者価格＞供給者価格となっています。需要者価格＞供給者価格のとき，生産が拡大して数量が増え，最終的には均衡数量 X^* と均衡価格 P^* が達成されます。

第 2 に，この市場において数量 X^{***} が提示されたとします。この数量のも

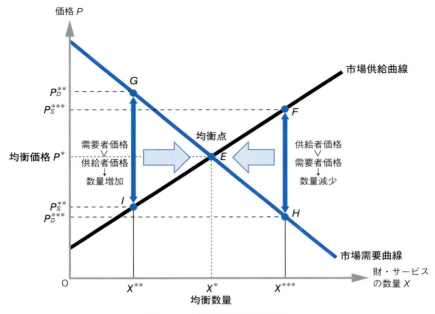

図 6.7 市場における数量調整

とで,家計の需要者価格は P_D^{***}(H 点),企業の供給者価格は P_S^{***}(F 点)です。需要者価格＜供給者価格となる場合は,生産が縮小して数量が減少し,最終的に均衡数量 X^* と均衡価格 P^* が実現します(E 点)。「豊作貧乏」によって廃棄される農作物は,数量調整だと考えられます。

以上のような市場の数量調整過程を**マーシャル的調整過程**ともよびます。

● **数量調整過程の安定性**

市場の数量調整過程についても,安定性を確認しておきましょう。もちろん,図 6.7 の場合は,市場の数量調整過程は安定しています。需要曲線が右下がりか右上がりか,供給曲線が右上がりか右下がりかで,先と同じく 4 つの図を図 6.8 に示しました。

図 (2) と図 (4) では,当初の数量が均衡数量よりも少なく,需要者価格＞供給者価格となる場合は数量が増加,当初の数量が均衡数量よりも多く,需要者価格＜供給者価格となる場合は数量が減少し,市場は均衡に向かうため,数量調整過程は安定しています。

コラム 6.1　完全競争市場の条件

基礎的な経済学では**完全競争市場**を想定します。完全競争市場とは，次のような条件を満たす市場です。

- 家計と企業は無数に存在するため，個々の家計や企業の行動が，市場全体に影響を与えることがない。
- 家計と企業の市場への参入と退出が自由である。
- 市場で取引される財・サービスは同質である。
- すべての家計と企業の間で，財・サービスに関する情報に差が生じていない。

この4つの条件によって成立するのが完全競争市場です。本書は，完全競争市場を前提とする基礎的な経済学を解説しています。特に，個々の家計と企業の行動が，市場全体に影響を与えないという条件は，家計と企業が価格を操作することができないことを意味しています。

しかし，完全競争市場の条件は現実的ではないと考えられます。独占企業や寡占企業は，市場での価格に影響力をもつでしょう（第5章 p.134 **コラム 5.1** 参照）。また，同じ財・サービスでも，生産する企業が異なれば，質は異なるのが当然です。さらには，財・サービスに関して，私たち家計がもつ情報よりも，企業がもつ情報のほうが多いのは普通だと思われます（**情報の非対称性**）。

このように，現実的ではない条件を課した完全競争市場ですが，それでも考察すべき理由があります。何かを評価するには，基準をつくることが必要だからです。完全競争市場の条件を外してゆき，現実に近づけたときに，基準である完全競争市場とはどのように結果が変わるかを調べることができるからです。

そのため，基礎的な経済学では，まずは完全競争市場を学ぶのです。

ところが，図 (1) と図 (3) では，少ない数量のもとでは需要者価格＜供給者価格となり，数量が減少して均衡に向かいません。多い数量のもとでは需要者価格＞供給者価格となって，数量が増加し，やはり均衡に向かいません。これらの場合，市場は均衡に向かわず，数量調整過程は不安定です。

市場の数量調整過程が安定性をもつには，通常の需要曲線と供給曲線が必ず必要であるわけではありません。当初の数量が均衡数量よりも少ない場合は，供給曲線よりも需要曲線が上側になければなりません。当初の数量が均衡数量

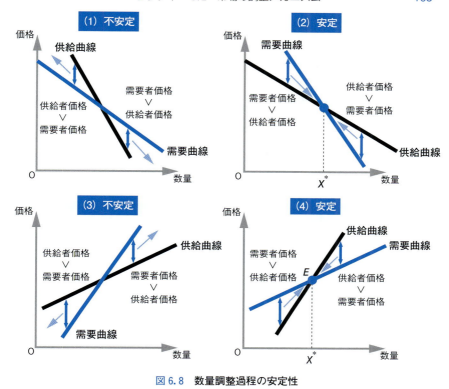

図6.8 　数量調整過程の安定性

よりも多い場合は，需要曲線よりも供給曲線が上側になければならないのです。

ここで，価格調整過程の図6.6と数量調整過程の図6.8を見比べてみましょう。4つの図における需要曲線と供給曲線の位置関係は同じです。しかし，ワルラス的調整で安定であった図6.6の図（1）と図（3）は，図6.8の図（1）と図（3）にあるように，マーシャル的調整過程では不安定になっています。同様に，ワルラス的調整過程では不安定であった図6.6の図（2）と図（4）は，図6.8の図（2）と図（4）にあるように，マーシャル的調整過程では安定になっています。

したがって，通常の右下がりの需要曲線と通常の右上がりの供給曲線の場合は，ワルラス的な価格調整過程でもマーシャル的な数量調整過程でも市場は安定ですが，それ以外の場合については，どちらかの意味で市場の調整過程は安定，もしくは不安定になります。

● クモの巣調整過程

最後に**クモの巣調整過程**を紹介します。これは，価格調整過程や数量調整過程と同じように，需要と供給が調整される様子を示しているのですが，その過程がクモの巣のように図示されることから，このような名称がついています。

クモの巣調整過程が当てはまるのは，生産のために一定の時間が必要な農作物や畜産物だといわれています。ある農作物の生産には，1年間を要するとします。いま，図6.9の左図（1）で，その農作物の市場の需要曲線と供給曲線が描かれています。

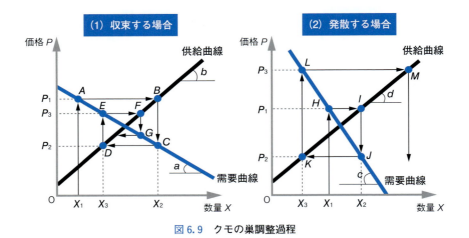

図6.9　クモの巣調整過程

1年目に，この農作物の数量はX_1でした。このとき，需要曲線によって家計の需要者価格はP_1となり，数量X_1の農作物は価格P_1になります（A点）。

2年目になり，農家（企業）は昨年に価格P_1で農作物が売れたことを踏まえ，供給曲線によって生産する数量をX_2に増やします（B点）。増産された数量X_2に対し，家計は需要曲線によって需要者価格をP_2とします（C点）。

3年目になり，農家（企業）は昨年の農作物の価格P_2を踏まえて，供給関数にしたがって生産する数量をX_3に減らします（D点）。数量X_3に対して，家計は需要関数にしたがって，需要者価格P_3とします（E点）。

その後，同じような調整過程により，E点→F点→G点→…のように右回りのクモの巣のような図が描かれます。最終的には，需要曲線と供給曲線が交わる均衡点に，調整過程が収束します。

クモの巣調整過程は常に収束するとは限りません。図 6.9 の右図 (2) には，調整過程が発散する場合が描かれています。先と同様に，みてゆきましょう。

1 年目に，この農作物の数量は X_1 でした。家計の需要曲線にしたがえば，需要者価格は P_1 です (H 点)。2 年目は，価格 P_1 のもとで，企業の供給曲線にしたがえば，農作物の数量は X_2 になります (I 点)。そのため，家計は需要関数にしたがって，需要者価格を P_2 とします (J 点)。3 年目に，価格 P_2 のもとでは，企業の供給曲線にしたがえば数量は X_3 になります (K 点)。数量 X_3 に対して，家計は需要関数にしたがって，需要者価格 P_3 とします (L 点)。

その後，同じような調整過程によって，L 点→M 点→…のように右回りのクモの巣のような図が描かれますが，最終的に均衡点に収束せず，外側に発散してしまいます。

左図 (1) と右図 (2) の違いは，需要曲線と供給曲線の傾きの大きさにあります。図 6.9 には，左図 (1) の需要曲線の傾きを a，供給曲線の傾きを b としています。クモの巣調整過程が収束する場合は，需要曲線の傾き a ＜供給曲線の傾き b が成立しています。一方，右図 (2) の需要曲線の傾きを c，供給曲線の傾きを d としています。クモの巣調整過程が発散する場合は，需要曲線の傾き c ＞供給曲線の傾き d が成立しているのです。

すなわち，<u>クモの巣調整過程においては，供給曲線の傾きが需要曲線の傾きよりも大きいことが，調整過程が収束する条件になります</u>。

復習

(1) 計画経済による資源配分と［　　　］経済による資源配分には，どのような違いがあるかを考えることが重要である。

(2) 価格が与えられたとき，市場において，どれくらいの財・サービスが供給されるかを示す曲線が［　　　］である。

(3) ［　　　］のとき価格が上昇し，超過供給のとき価格が低下する市場の調整過程がワルラス的調整過程である。

(4) ワルラス的調整過程で不安定な市場でも，［　　　］的調整過程は安定になる。

レクチャー 6.3 市場と政府

● 消費者余剰と生産者余剰

　市場の調整メカニズムがうまく機能すれば，いずれは市場均衡が実現します。均衡においては，どのような経済が実現しているのでしょうか。

　家計は，与えられた価格のもとでの効用最大化行動として，価格と限界効用が等しくなるように，消費量を決定します。その際，家計の純粋な効用の大きさを示す消費者余剰は最大になりました（第4章 p.100 参照）。個々の家計の消費者余剰を集めれば，市場における消費者余剰を得ることができます。

　企業は，与えられた価格のもとでの利潤最大化行動として，価格と限界費用が等しくなるように，生産量を決定します。その際，企業の利潤の大きさ（正確には固定費用も含む）を示す生産者余剰は最大になりました（第5章 p.144 参照）。個々の企業の生産者余剰を集めれば，市場における生産者余剰を得ることができます。

　消費者余剰と生産者余剰を足し合わせれば，**総余剰**という概念になります。

　　総余剰＝消費者余剰＋生産者余剰

　図 6.10 には，ある財・サービスの市場における市場需要曲線と市場供給曲線を示しています。市場の調整メカニズムの結果，均衡に到達した市場では，均衡価格 P^* と均衡数量 X^* が実現しています（E 点）。

　このとき，家計の効用は □OIEF，家計の支出は □OIEH（＝価格 P^* ×数量 X^*）なので，家計の純粋な効用を示す消費者余剰は △HEF になります（第4章 p.101 参照）。また，企業の収入は □OIEH（＝価格 P^* ×数量 X^*），変動費用は □OIEG なので，企業の利潤の大きさを示す生産者余剰は △GEH になります（第5章 p.145 参照）。なお，家計の支出と企業の収入は等しくなります。

　<u>市場において，価格や数量による調整によって均衡が実現するならば，その均衡は，家計と企業にとって，最大の総余剰を達成するという，資源配分において効率的な状態になっています。</u>

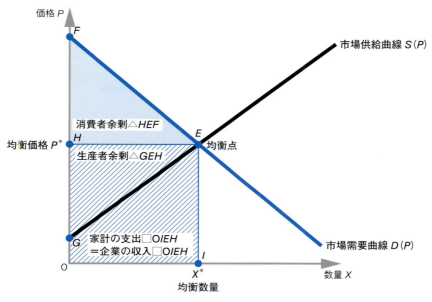

図 6.10　消費者余剰と生産者余剰

● 社会計画者か市場か

　市場の調整メカニズムによって均衡が実現し，効率的な資源配分が達成されることは，非常に重要な意味をもっています。

　第1章では，1国の資源を自由に配分できる統治者として，社会計画者を登場させました（第1章 p.23 参照）。社会計画者は，生産要素である資本と労働を自由に組み合わせ，企業の生産を操作し，1国の経済における生産量を決めることができました。

　そのような社会計画者が存在し，社会計画者が国を豊かにすることをもっとも大切に考える「慈悲深い統治者」であるならば，その国の経済は，市場による調整メカニズムに頼らなくても，効率的な資源配分を達成できます。

　しかし，社会計画者が必ず「慈悲深い統治者」であるかどうかは分かりません。もし，彼／彼女が暴君ならば，効率的な資源配分の達成は望めません。統治者が暴君だったという事例は，歴史をひもとけば多くみられます。

　また，仮に社会計画者が「慈悲深い統治者」であったとしても，効率的な資源配分を達成するには，家計が何をどれくらい欲しいと考えているのか，家計がどれくらい働くことができるか，企業がどのような生産技術をもっているの

か，といった経済における情報を掌握しなければなりません。しかしながら，そのような情報を社会計画者が集めることは現実的には無理でしょう（第5章 p.134 **コラム 5.1** 参照）。

幸いなことに私たちは，社会計画者に頼らなくても，市場の調整メカニズムが，効率的な資源配分を達成できることを知りました。<u>「慈悲深い統治者」がいなくても，市場の調整メカニズムがうまく機能するならば，家計は最大の消費者余剰，企業は最大の生産者余剰，すなわち最大の総余剰を得ることができるのです。</u>この点は，基礎的な経済学において重要な結論です。

このように，調整メカニズムをもつ市場は，素晴らしい存在ではありますが，残念ながら市場にも限界があります。そのため，社会計画者とまではいかないものの，ある程度の力でもって，市場に影響をもたらす経済主体をつくりだすことが，必要になってきます。その経済主体が<u>政府</u>ですが，政府の必要性については後述します。

● 個々の市場と集計された市場の関係

ここまで本章では，ある財・サービスについて，個々の家計の需要曲線と個々の企業の供給曲線を集計し，その財・サービスの市場を図示していました。<u>図 6.11</u> には，財・サービス A，財・サービス B，財・サービス C の個々の市場の需要曲線と供給曲線を描いています。

もし，ある経済において，財・サービスが，A，B，C の 3 つしか存在しないならば，それらを集計することで，1 つの財・サービス市場をつくることができます。こうして得られたのが集計された財・サービス市場です。

個々の家計と個々の企業は，市場で提示されている価格と，個々の家計の需要曲線と個々の企業の供給曲線をもとに需要と供給を決めています。個々の家計と企業が決定した需要と供給は，個々の財・サービス市場において集計され，市場需要曲線と市場供給曲線を形成します。さらに，個々の財・サービス市場を集計することで，1 つの集計された財・サービス市場をつくることができます。

ところで経済循環においては，財・サービス市場だけでなく，<u>生産要素市場</u>もありました。生産要素市場には，労働市場と資本市場があります。

労働市場において，需要側は労働者を雇う企業，供給側は労働力を提供する

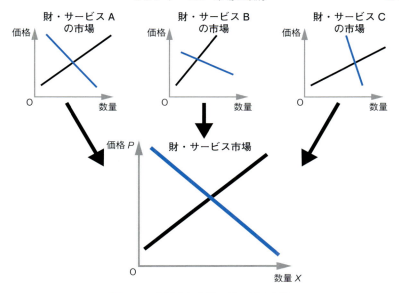

図 6.11 集計された財・サービス市場

家計でした。個々の家計と個々の企業は，労働市場での価格である賃金率をもとにして，労働供給と労働需要を決めます。それらを集計すれば，個々の労働市場の市場供給曲線と市場需要曲線をつくることができます。

　家計と企業が参加できる労働市場は様々です。たとえば，弁護士の労働市場，シェフの労働市場，教員の労働市場，一般会社員の労働市場……といった個々の労働市場を集計すれば，1つの集計された労働市場が形成されます。

　資本市場も同様です。資本市場でも，供給側は投資家や預金者の顔をもつ家計，需要側は資金の提供を受ける企業でした。投資家は，株式や社債といった危険資産を購入することで，企業へ資金を提供しています。預金者が金融機関に預けた預金は，金融機関の融資活動によって，やはり企業への資金提供になります。

　個々の家計と個々の企業は，資本市場での価格である利子率（あるいは株価や社債価格）をもとにして，資本供給と資本需要を決めます。それらを集計すれば，個々の資本市場の市場供給曲線と市場需要曲線をつくることができます。

　たとえば，株式市場，社債市場，預金市場……といった個々の資本市場を集計すれば，1つの集計された資本市場が形成されます。そして，労働市場と資本市場をまとめれば，生産要素市場になります。

● 部分均衡分析と一般均衡分析

私たちの経済には，様々な市場があります。それらの市場は，個々に独立しているわけではありません。ある財・サービス市場の動きは，他の財・サービス市場に影響を与えている可能性があります。

たこ焼き企業の努力によって費用が節減され，たこ焼きの価格が低下したとします。このとき，たこ焼きの需要は増えますが，お好み焼きの需要は減るかもしれません。そうなれば，たこ焼き市場はお好み焼き市場に影響を与えたことになります。

自動車を生産するには，多くの部品が必要です。世界的な景気の減速により，自動車の生産が落ち込めば，自動車部品の生産にも影響します。したがって，自動車市場は，自動車部品の市場と関連性をもっています。

財・サービス市場の間の関連性だけでなく，財・サービス市場と生産要素市場との関連性もあります。自動車の生産の落ち込みは，自動車メーカーの労働市場だけでなく，自動車部品の労働市場にも，影響をもたらします。

図 6.12 の左図にあるように，現実の経済においては，個々の市場が関連性をもって動いています。そのため，<u>ある市場を分析するには，他の市場との関連性も含めて分析することが望ましいといえそうです。このような経済分析の考え方が**一般均衡分析**</u>です。一方，他の市場との関連性を考えない経済分析の考え方が**部分均衡分析**です。図 6.12 の右図に概念を示しています。

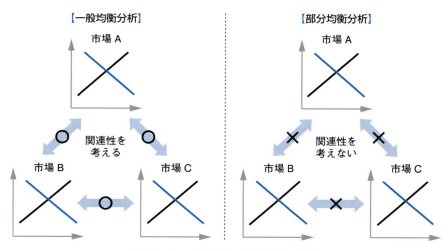

図 6.12　一般均衡分析と部分均衡分析

しかしながら，部分均衡分析が使いものにならないというわけではありません。ある市場を分析するときには，まずは部分均衡分析で，その市場を考察することが，分析の第一歩になります。市場の関連性を考える一般均衡分析は，どうしても複雑になりがちです。また，一般均衡分析で考える際にも，部分均衡分析の考え方を基礎とすることが必要になります。

特に基礎的な経済学の場合，部分均衡分析の考え方は非常に重要です。部分均衡分析が理解できなければ，一般均衡分析は理解できません。大切なのは，経済を考察するために用いているモデルが，部分均衡分析を前提にしているのか，一般均衡分析を前提にしているのか，明確に理解しておくことの重要性です。

● **市場の失敗**

ここまでで，基礎的な経済学で学ぶ市場の働きの内容を終えることになります。市場の調整メカニズムが機能するならば，効率的な資源配分は市場によって達成できます。ところが，市場は万能ではありません。市場が機能しない場合が**市場の失敗**であり，**表6.1**にまとめたような例があります。

表 6.1 市場の失敗の例と政府による介入の方法

	市場の失敗が生じる理由	政府の介入の方法
外部性	市場を経由しない技術的外部性の存在	規制，課税，補助金
公共財	非競合性と非排除性の存在	公共財の供給
費用逓減産業	巨額の固定費用の存在	規制

第1の市場の失敗は**外部性**です。外部性とは，ある経済主体の行動が，他の経済主体の行動に影響を与えることです。外部性には，市場を通して便益や損失をもたらす**金銭的外部性**，市場を通さずに便益や損失をもたらす**技術的外部性**があります。技術的外部性が市場の失敗に相当します。

たとえば，鉄道会社による新駅の建設によって地域の利便性が高まり，その地域に住む人々の土地の価格（地価）が上昇するケースを考えます。この場合，鉄道会社（経済主体）の行動が地域の住民（経済主体）に影響を与えていますが，地価の上昇は市場（土地市場）を通して実現しています。そのため，この

ケースは金銭的外部性であり、市場の失敗ではありません。

一方、河川の上流にある工場が、下流に住む住民への配慮なしに汚水を垂れ流し、下流の住民の生活に影響をもたらすケースを考えます。工場（経済主体）の行動は下流の住民（経済主体）に影響を与えていますが、この外部性は市場を経ていません。そのため、このケースは技術的外部性であり、市場の失敗です。

金銭的外部性は市場を経ているため、外部性による便益や損失が市場によって評価され、市場の価格に反映されています。ところが、技術的外部性は市場を経ないため、外部性による便益や損失が市場で評価されていません。市場を経ないことから、市場は失敗し、効率的な資源配分を達成できません。

技術的外部性には便益をもたらす**正の外部性**と損失をもたらす**負の外部性**があります。正の外部性の例としては、教育、予防接種、リンゴ農家と養蜂農家の関係などがあります。負の外部性の例としては、タバコの煙、隣家の騒音、環境破壊、河川の汚染などの公害があります。

第2の市場の失敗は**公共財**です。公共財には、ある人が消費しても、他の人が同じように消費できる**非競合性**、いったん供給されてしまうと、対価を支払わない人を消費から排除することが技術的または物理的に困難であるという**非排除性**という性質があります。

たこ焼きは**私的財**です。ある人がたこ焼きを食べてしまえば、他の人はそのたこ焼きを食べることができません（**競合性**）。また、ある人が対価を払ってたこ焼きを買えば、支払っていない他の人は食べることができません（**排除性**）。公共財には競合性や排除性がなく、企業の供給が難しいのです。

第3の市場の失敗は**費用逓減産業**です。第5章で財・サービス市場の供給曲線が右上がりであることを考察していたとき、生産量が増えるにつれて、平均費用は増加、すなわち平均費用曲線は右上がりでした（第5章 p.141 参照）。しかしながら、生産量を増やしても、平均費用が増加せず、平均費用が逓減してゆく費用逓減産業があります。

平均費用は「総費用 C ÷ 生産量 Q」で計算されました。費用逓減産業は、総費用を構成する固定費用が巨額であることが特徴です。固定費用が巨額であることから、生産量を増やしても、なかなか平均費用が増加しないのです。具体的には、電力産業やガス産業のように、生産のための設備が巨大で、固定費

用が巨額になる産業が該当します。

　価格と平均費用を比べれば，利潤の大きさが分かります（第5章 p.136 参照）。完全競争市場の企業の場合，生産量を増やせば平均費用も増加するため，あまりに生産量を増やしすぎると赤字になります。ところが，<u>費用逓減産業の場合，生産量を増やせば増やすほど黒字になり，供給曲線が右下がりになるのです。</u>

　そのため，費用逓減産業の企業同士が合併するなど，企業の規模が大きくなるほど，企業にとっては利潤を得る構造になります。合併が繰り返されることで，究極的には寡占企業や独占企業が誕生します。寡占や独占の場合，財・サービスの価格に企業が影響を与えることができるため，市場は効率的な資源配分を行うことができなくなります（第5章 p.134 **コラム5.1** 参照）。

　市場の失敗には，他にも情報の非対称性や不確実性といったものもありますが，いずれの場合でも市場は失敗し，何らかの対応が必要になります。

● 政府の介入

　市場の失敗への対応として，政府による介入が考えられます。これまで本書では，家計と企業の2つの経済主体しか考察をしていませんでした。3番目の経済主体である政府は，家計や企業から租税を強制的に徴収できるほどの大きな権力をもちます。多くの先進国では，市場経済を中心にすえつつも，市場の失敗などの対応のために，政府が市場に介入する体制をとっています。

　政府は，家計や企業の行動に**規制**したり，租税や社会保障負担などで徴収した貨幣を財源として経済活動を行います。先にあげた外部性，公共財，費用逓減産業について，政府がどのように介入しているか，**表6.1** も参照しながら考えてみましょう。

　第1は外部性への政府の介入です。まずは，企業による公害を負の外部性の例として考えます。公害を抑制するには，大気汚染や水質汚濁の原因になっている企業に対して，汚染物質を垂れ流さないような規制をかけることが考えられます。または，汚染物質に対して**課税**をする，汚染物質を除去する技術に対して**補助金**を与えるといった対応が考えられます。

　また，正の外部性の例として教育を考えます。教育は，教育を受けた人だけが便益を享受するサービスではありません。教育を受けた人が社会で広く活躍

したり，社会的秩序を維持できるなど，教育は社会全体に便益を及ぼす正の外部性をもっています。

　日本では，義務教育は必ず誰もが受けなければならない教育として位置づけられています。また，高等教育機関（高校や大学など）に対しても，政府は補助金を支給しています。教育を義務化したり，補助金を支給しなければ，教育を受けない人が出てくる可能性があるからです。

　第2は公共財への政府の介入です。一般道路，街灯，警察サービス，消防サービス，ゴミ収集サービスなどといった公共財は，政府が供給に関わっています。警察サービスや消防サービスは，租税による財源をもとにして，公務員によって供給されています。

　しかしながら，一般道路を建設しているのは建設会社ですし，ゴミ収集サービスを提供しているのも多くは一般の企業です。公共財の供給のために，誰がどのように負担しているかが重要です。一般道路の建設も，ゴミ収集サービスも，企業がサービスの供給に関与していますが，その費用を賄うのは租税です。したがって多くの公共財は，租税を財源として供給されるという特徴をもっています。

　第3は費用逓減産業です。ある地域に多数の電力会社やガス会社が乱立すれば，競争によって1つの企業が独占に向かって巨大化し，多くの企業が廃業に追い込まれ，廃業になった企業がもっていた大規模な設備が無駄になってしまいます。そのため，日本の電力産業やガス産業は，1つの地域に1つの企業という地域独占になっています。地域独占を認める代わりに，電力やガスの価格を**公共料金**として規制の対象としています。

レクチャー 6.4 　政策の効果に関する余剰分析

● 家賃統制の経済効果

　ここからは，これまでの経済学の知識を用いて，政府による市場への介入，すなわち政策の効果を評価します。**余剰分析**では，消費者余剰や生産者余剰，すなわち総余剰がどのように変化するのかという視点から，政策の効果を評価します。

　政府の政策には多くの手段がありますが，ここで検討するのは，規制のなか

レクチャー6.4　政策の効果に関する余剰分析

でも単純な**価格政策**です。政府は，ある財・サービスの価格を固定することがあります。

たとえば，最低賃金制度は，労働市場における賃金率が最低賃金よりも低くならないように統制を図る政策です。政策の意図は，労働者が不当に低い賃金で働くことがないようにするものです。このとき，企業は賃金率の下限を決められてしまいます。

他の価格政策の例としては，家賃，地代，タクシー代，ガス料金，電気料金，鉄道運賃やバス運賃への規制があります。これらの価格政策は，家計の負担の抑制や，行きすぎた競争を抑制することに意図があります。このような価格政策によって，市場はどのような影響を受けるのか，ここでは家賃統制について検討します。

図 6.13 は借家市場を考えています。横軸に借家の数量 X，縦軸に家賃 P，市場需要曲線 $D(P)$ は右下がり，市場供給曲線 $S(P)$ は右上がりとします。主に家計が借家の需要側となっており，企業が借家の供給側になっています。

まず，政府が介入することなく，市場の調整過程に委ねる場合，市場需要曲線 $D(P)$ と市場供給曲線 $S(P)$ が交わる均衡は E 点となり，家賃 P^*，数量 X^* となります。この均衡 E 点において，消費者余剰は △LEH，生産者余剰は △IEL，総余剰は △IEH になります。

ここで，政府が家賃を統制することで，家賃 P^* よりも低い P^{**} に抑制する状況を想定しましょう。このような家賃統制を行うのは，特に低所得者にとっては，割高な家賃よりも低い家賃が望ましいからです。

家賃 P^{**} のとき，供給は F 点で数量 X^{**} となります。需要は G 点であり，多くの需要が生まれるにもかかわらず，借家は F 点のもとで数量 X^{**} しか供給されません。したがって，家賃を下げることには成功しましたが，取引数量は減少してしまいました。

そのため市場には，FG だけの超過需要が発生し，借家に入りたいのに入れない家計が存在しています。このときの余剰ですが，消費者余剰は □JFKH，生産者余剰は △IFJ，総余剰は □IFKH になります。

すなわち，市場の調整メカニズムによって家賃が決まる場合の総余剰は △IEH，家賃統制が行われた場合の総余剰は □IFKH であり，市場の調整メカニズムに委ねるほうが，総余剰は大きくなります。

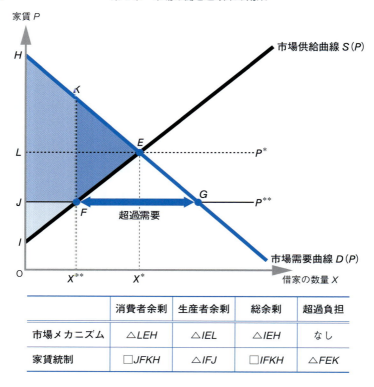

図6.13 家賃統制の経済効果

政府の介入によって失われた余剰が **超過負担** です．図6.13では，超過負担は △FEK となります．<u>超過負担の発生は，政府の介入で家計の効用や企業の利潤が失われ，資源配分の効率性が損なわれていることを意味します．</u>

● 米価維持政策の経済効果

2つ目の例として図6.14には，米市場における市場需要曲線 $D(P)$ と市場供給曲線 $S(P)$ が描かれています．縦軸の価格 P は米価，横軸の数量 X は米の数量です．家計が米の需要側で，農家が米の供給側になっています．

政府の介入がない場合は，米価は市場の調整メカニズムによって決められます．このとき，市場需要曲線 $D(P)$ と市場供給曲線 $S(P)$ が交わる均衡は E 点となり，米価 P^*，数量 X^* となります．この均衡 E 点において，消費者余剰は △LEH，生産者余剰は △IEL，総余剰は △IEH になります．

レクチャー6.4 政策の効果に関する余剰分析

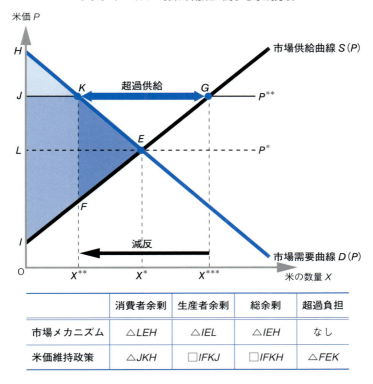

	消費者余剰	生産者余剰	総余剰	超過負担
市場メカニズム	△LEH	△IEL	△IEH	なし
米価維持政策	△JKH	□IFKJ	□IFKH	△FEK

図6.14　米価維持政策の経済効果

　ここで，農家を保護するために，政府が米価を P^{**} の水準に固定したとします。米価 P^{**} と市場供給曲線 $S(P)$ が交わる G 点において供給がなされるため，農家の米の生産量は X^{***} です。ところが，米価 P^{**} と市場需要曲線 $D(P)$ は K 点で交わることから，家計の米の消費量は X^{**} に留まります。

　このような米価維持政策は総余剰を変化させます。このとき，消費者余剰は △JKH，生産者余剰は □IFKJ，総余剰は □IFKH となります。したがって，市場の調整メカニズムによって米価を決める場合に比べて，超過負担が △FEK だけ発生します。

　したがって，米価を P^{**} に維持するならば，KG の超過供給が発生します。超過供給は米の生産量が消費量に比べて多いことを意味します。そこで政府は，農家に米の生産量の抑制を指示するとしましょう。生産できるのに休耕地をつくって生産量を減らす減反政策です。

以上のように，市場の調整メカニズムがうまく機能する場合に比べて，政府が価格を意図的に統制するような政策には，超過負担の発生が避けられません。超過負担は，家計の効用や企業の利潤が失われていることを意味しているので，資源配分の効率性の観点から望ましくありません。このように，余剰を分析することで，政府の政策を資源配分の効率性の観点から評価することができます。

● 課税の効果

最後に，政府による介入手段として課税を検討します。政府は，特定の財・サービスや生産要素などに対して課税することで，政府の活動を裏づける財源を確保しています。多くの場合，資源配分の効率性は，課税によって影響を受けることになります。

図 6.15 にあるように，X 財と Y 財があり，それぞれの市場需要曲線が右下がりだとします。簡単化のため，市場供給曲線は水平だとします。

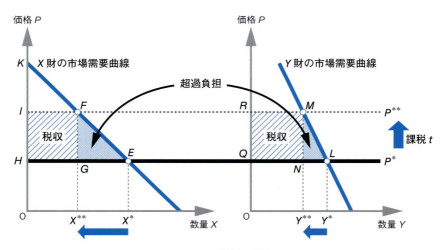

図 6.15　課税の効果

当初，X 財と Y 財の価格は P^* の水準でした。市場の調整メカニズムに委ねる場合は，X 財については市場需要曲線との均衡 E 点で数量 X^*，Y 財についても市場需要曲線との均衡 L 点で数量 Y^* となります。X 財の市場の消費者余剰は △HEK となっています。

ここで，課税 t によって価格が P^{**} に上昇したとします（$P^{**}=P^*+t$）。た

レクチャー6.4 政策の効果に関する余剰分析

とえば消費税は、価格を上昇させる効果をもっています。課税により、X 財の市場は均衡点が F 点で数量は X^{**}、Y 財の市場は均衡点が M 点で数量は Y^{**} となります。

X 財の市場では、消費者余剰は $\triangle IFK$ です。課税によって、$\square HGFI$ の税収が政府にもたらされます。税収は、家計や企業のための公共サービスとして支出されるので、政府の余剰として総余剰に含めます。したがって、課税がなされたときの総余剰は、$\square HGFK$（＝消費者余剰 $\triangle IFK$ ＋税収 $\square HGFI$）となります。課税前に比べると、$\triangle GEF$ の超過負担が発生しています。

さて、X 財の市場需要曲線は価格弾力的、Y 財の市場需要曲線は価格非弾力的であることに注目します（第4章 p.105 参照）。したがって、Y 財の市場需要曲線のほうが、X 財の市場需要曲線よりも、傾きが急になっています。

そのため、同じ課税 t でも、X 財と Y 財への数量の変化に違いが出ています。X 財は大きく消費量が減っています（$X^* \to X^{**}$）が、Y 財の消費量は X 財ほどには減少していません（$Y^* \to Y^{**}$）。

この原因は、X 財と Y 財の市場需要曲線の価格弾力性が異なるからです。価格弾力性の違いは、課税による超過負担の大きさにも影響します。図 6.15 では、X 財への課税による税収 $\square HGFI$ と、Y 財への課税による税収 $\square QNMR$ は同じ面積として描かれています。

つまり、<u>X 財と Y 財への同じ課税によって、同じ規模の税収を確保する場合、X 財の超過負担のほうが、Y 財の超過負担よりも大きくなっています。ここでの超過負担は消費者余剰の減少ですので、それだけ資源配分の効率性が損なわれたことになります</u>。同じ課税、同じ税収でも、X 財の超過負担は大きく、Y 財の超過負担は小さいのです。

このことから、<u>課税の超過負担を小さくするためには、需要の価格弾力性の低い財・サービスに高く課税することが望ましくなります</u>。ところで、需要の価格弾力性が低い財・サービスとは、具体的には何でしょうか。

● 効率性と公平性のトレードオフ

需要の価格弾力性が低いとは、価格が変化しても、数量に大きな変化が生じないことを意味します。このような特徴をもつ財・サービスは食品などの生活必需品です。家計は生活必需品を買わなければ、生活を営むことはできません。

そのために，数量は大きく変化しないのです。

逆に，需要の価格弾力性が高い財・サービスには贅沢品があります。贅沢品は生活する上で必ずしも必要でないため，課税によって価格が高くなれば，数量は大きく減少します。

したがって，贅沢品への課税よりも，生活必需品への課税のほうが，資源配分の効率性が高いことになります。しかし，このような課税のあり方は，私たちの一般的な感覚からずれていないでしょうか。むしろ，私たちは，生活必需品への課税を嫌い，贅沢品へ課税を支持していないでしょうか。

このギャップが生まれるのは，超過負担が効率性を追求する概念だからです。図6.15は，公平性については何も検討していません。効率性を追求するならば，超過負担がより小さい課税が望ましく，生活必需品への課税が支持されるということです。

なお，超過負担をほとんど生じない税制に人頭税があります。人頭税は，所得や消費の実績がなくても，国内に住んでいる人に課税します。人頭税から逃れるには，国外に移住しなければならず，超過負担はほとんど発生しません。しかし，低所得者には重い負担になります。

このように，政府の政策においては，効率性と公平性がトレードオフ（二律背反）となることが多くあります。効率性を追求すれば，公平性を諦めざるを得ず，逆に，公平性を追求すれば，効率性を諦めざるを得ないのです。どのような政策を実施するかは，効率性と公平性の狭間で決定してゆくことになりますが，大切なことは両者を区別することです。

復習

(1) 市場において均衡が実現するならば，最大の□□□□が達成されるという意味で，資源配分が効率的な状態になる。

(2) ある市場を分析するとき，□□□□分析は他の市場との関連性を含めて分析し，部分均衡分析は他の市場との関連性を考えずに分析を行う。

(3) □□□□分析では，総余剰がどのように変化するのかという視点から，政策の効果を評価する。

(4) 政府の価格政策は，市場の調整メカニズムがうまく機能する場合に比べて，□□□□負担の発生が避けられない。

練習問題

問題1　計画経済と市場経済の資源配分
計画経済と市場経済の資源配分の違いに関する記述のうち，誤っている文章は次のどれでしょうか。
ヒント：p.152〜153 を読もう！

(1) 計画経済の一例として，時の中央政権が生産量の計画を命令して実行させる方法がある。
(2) 市場経済では，企業と家計に自由を与える分権的な仕組みを採用する。
(3) 社会計画者が資源配分に関する情報をすべて把握できるならば，計画経済においても資源配分は効率的に実施できる。
(4) 市場経済による資源配分には失敗は存在しない。

問題2　市場の調整メカニズム
市場の調整メカニズムに関する記述のうち，誤っている文章は次のどれでしょうか。
ヒント：p.159〜163 を読もう！

(1) 価格調整過程では，超過供給のときに価格が低下する。
(2) 価格調整過程では，超過需要のときに価格が低下する。
(3) 数量調整過程では，需要者価格＞供給者価格のときに数量が増加する。
(4) 数量調整過程では，需要者価格＜供給者価格のときに数量が減少する。

問題3　市場の調整過程の安定性
市場の調整過程の安定性に関する記述のうち，誤っている文章は次のどれでしょうか。
ヒント：p.160〜165 を読もう！

(1) 需要曲線が右下がりで，供給曲線が右上がりであれば，価格調整過程は必ず安定である。
(2) 需要曲線が右下がりで，供給曲線が右上がりでも，数量調整過程が不安定になることがある。
(3) 需要曲線が右上がりになる財・サービスがギッフェン財である。
(4) ワルラス的調整過程で不安定ならば，マーシャル的調整過程では安定である。

問題4　クモの巣調整過程
クモの巣調整過程に関する記述のうち，誤っている文章は次のどれでしょうか。
ヒント：p.166〜167 を読もう！

(1) クモの巣調整過程が該当する財・サービスは農作物である。
(2) 需要曲線の傾きが供給曲線の傾きよりも大きい場合，クモの巣調整過程は発散する。
(3) 需要曲線の傾きが供給曲線の傾きよりも小さい場合，クモの巣調整過程は収束

する。
(4) 需要曲線が右下がりで，供給曲線が右上がりであれば，クモの巣調整過程は必ず収束する。

問題 5　市場の失敗
市場の失敗に関する記述のうち，誤っている文章は次のどれでしょうか。

ヒント：p.173〜175 を読もう！

(1) 市場の失敗には，外部性，公共財，費用逓減産業などがある。
(2) 市場の失敗に対して，政府は規制，課税，補助金といった政策で対応する。
(3) 費用逓減産業では供給曲線が右下がりになる。
(4) 市場の調整メカニズムは万能なので，市場の失敗は生じない。

問題 6　政策の効果に関する余剰分析
政策の効果に関する余剰分析に関する記述のうち，誤っている文章は次のどれでしょうか。

ヒント：p.176〜182 を読もう！

(1) 市場の調整メカニズムがうまく機能する場合に，政府が価格を統制する政策は，超過負担の発生が避けられない。
(2) 余剰分析は，総余剰がどのように変化するのかという視点から，政策を評価する。
(3) 一定の税収を確保する場合，需要の価格弾力性が高い財・サービスに高く課税することが，超過負担を小さくするために必要である。
(4) 超過負担は資源配分の効率性の損失を意味しているが，公平性については考慮されていない。

問題 7　レポート①
第6章の内容を踏まえ，下記をテーマにレポート（1,000字以上）を作成しなさい。
(1) 市場需要曲線と市場供給曲線について説明せよ。「市場需要曲線と市場供給曲線について」
(2) 市場の調整メカニズムについて説明せよ。「市場の調整メカニズムについて」
(3) 市場の失敗と政府の役割について説明せよ。「市場の失敗と政府の役割について」
(4) 政策の効果に関する余剰分析について，一例をあげて説明せよ。「政策の効果に関する余剰分析について」

問題 8　レポート②
第6章を読む前と読んだ後を比較して，どのような考えを得ることができたか，「第6章を読んで」をテーマにレポート（1,000字以上）を作成しなさい。

練習問題解答

問題1 正解（4）：市場の失敗が存在する。

問題2 正解（2）：価格調整過程では，超過需要のときは価格が上昇する。

問題3 正解（1）：需要曲線が右下がりで，供給曲線が右上がりでも，価格調整過程が不安定になることがある。

問題4 正解（4）：需要曲線が右下がりで，供給曲線が右上がりでも，クモの巣調整過程が収束しないことがある。

問題5 正解（4）：市場は万能ではなく，市場の失敗が生じることがある。

問題6 正解（3）：一定の税収を確保する場合，需要の価格弾力性が低い財・サービスに高く課税することが，超過負担を小さくするために必要である。

問題7 正解省略

問題8 正解省略

第7章 マクロ経済学の基礎

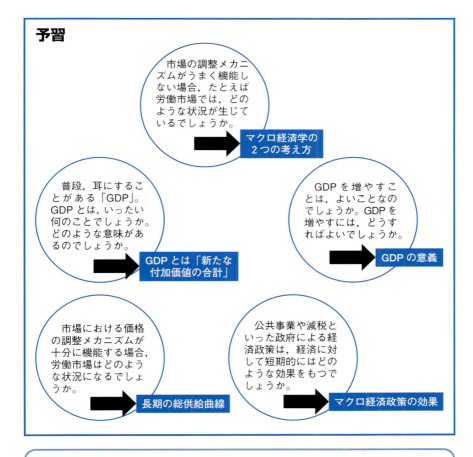

学びのポイント

1. マクロ経済学の考え方とGDPの意味を知る。　　　　　　　　　　▶ p. 188
2. 状況によって財市場の総供給曲線の形状が変わることを知る。　　▶ p. 198
3. 短期において国民所得が決定する仕組みを学ぶ。　　　　　　　　▶ p. 204
4. マクロ経済政策の効果について分析する方法を学ぶ。　　　　　　▶ p. 212

レクチャー **7.1** **マクロ経済と GDP**

● ミクロ経済学とマクロ経済学

経済学は大きく2つに分けられます。一つは**ミクロ経済学**，もう一つは**マクロ経済学**です。

ミクロ経済学は，家計や企業といった個々の経済主体の経済行動に関心をもちます。本書の第3章と第4章では家計の経済行動，第5章では企業の経済行動について学習しましたが，これらはミクロ経済学の領域でした。

第3章と第4章では，家計が効用を最大化するように，消費や労働供給を決めていました。第5章では，企業が利潤を最大化するように，生産を決めていました。ミクロ経済学では，**ミクロ（微視的）経済**の個々の経済主体の**最適化行動**に着目します。

一方，マクロ経済学は，個々の経済主体の経済行動よりも，1国全体や地域全体の**マクロ（巨視的）経済**の視点で経済をとらえるところに特徴があります。たとえば，「景気が良い」というのは，1国や地域全体の消費や所得などが増えている状況を指していますが，その範囲はマクロ経済であることが分かります。

経済成長もマクロ経済学の領域です。本書の第1章では，経済成長と資本蓄積について学習しました（第1章 p.30 参照）。経済成長をとらえるとき，1国全体の生産可能性曲線を描きましたが，一国の経済に関する考察であることから，マクロ経済の視点になっています。

また，第6章においても，個々の財・サービスの需要曲線と供給曲線を集計してゆけば，市場需要曲線と市場供給曲線が得られることを学びました（第6章 p.157 参照）。最終的には，財・サービス市場，労働市場，資本市場が得られることになりますが，これらもマクロ経済の視点だと考えられます。

したがって本書でも，全体で経済をとらえるマクロ経済の視点はすでに学習していましたが，マクロ経済学を意識するまでには至っていませんでした。本書の最終章となる本章では，マクロ経済学の考え方について学びます。

さて，マクロ経済学においても，やはり経済主体と市場が主役になります。登場する経済主体は，家計，企業，政府で，これはミクロ経済学と変わりません。ただし，マクロ経済学では，個々の家計，個々の企業といったとらえ方は

しません。経済全体で家計，企業，政府をとらえます。

経済全体で家計，企業，政府をとらえる考え方は，おそらく新聞記事を見れば，よく分かると思います。日々の新聞には，日経平均株価，為替，長期金利などの指標が示されています。これらの指標は，個々の経済主体の経済状態を表現するものではなく，経済全体に関するマクロ経済の指標です。

新聞には，経済全体の消費，投資，輸出，輸入といった言葉や数字が掲載されています。政府がどのような政策を実施するのか，税制や社会保障制度がどのようになるのか，といった記事も登場します。株式欄のように，個々の企業に関する情報も書かれていますが，どちらかといえばマクロ経済全体の動きを伝えるのが，新聞の役目だと考えられます。

新聞に登場する様々な経済用語は，マクロ経済学を学ぶことで，より一層理解できます。そのため本章では，基礎的なマクロ経済学を学びます。

● マクロ経済学の2つの考え方

マクロ経済学には，大きく分けて2つの考え方があります。すなわち，**新古典派経済学**と**ケインズ経済学**です。

経済学は，その祖であるアダム・スミスをはじめとして，18世紀後半から19世紀前半にかけて，イギリスで発展しました。当時の経済学を**古典派経済学**とよびます。新古典派経済学は，古典派経済学の流れをくむ経済学です。

新古典派経済学の大きな特徴は，限界概念による分析，市場による余剰分析です。本書の第3章で限界概念（第3章 p.70 参照），第6章で市場による余剰分析（第6章 p.168 参照）が登場していますので，すでに新古典派経済学の考え方は学びました。

新古典派経済学は現代のミクロ経済学につながっています。このことから，新古典派経済学を基礎とするマクロ経済学でも，経済主体の最適化行動と市場の調整メカニズムをとても重視します。つまり，経済全体で家計や企業をとらえるとしても，集計した家計や企業は，個々の家計や企業と同じように，最適化行動を行うと考えるのです。

特に市場においては，価格の調整メカニズムに強い信頼を寄せるのが，新古典派経済学です。そのため，政府による市場への介入に対しては，デメリットが大きいと主張します。第6章の余剰分析（p.168 参照）では，政府の介入に

よる超過負担を指摘しましたが，ここでの分析の枠組みも，新古典派経済学のものでした。新古典派経済学では，ミクロ経済の世界と同じようにマクロ経済を考えるのです。

ただし，現実の経済が，新古典派経済学が想定するほど，市場の調整メカニズムが円滑に機能しているのかといえば，そうともいえそうにありません。

たとえば失業は，労働市場において超過供給が発生している状況です。労働市場において価格の調整メカニズムがうまく機能すれば，超過供給においては賃金率が低下し，労働市場は均衡するはずです。新古典派経済学からいえば「失業はいずれ解消されるから，政府は何もすべきではない」となります。

ところが，世界的な大恐慌においては，失業がなかなか解消されなかったことは，歴史が示しています。市場の調整メカニズムの調整スピードが遅い，もしくは，調整メカニズムが機能していないならば，少なくとも短期的には失業は解消されません。このようなとき，何も政策を提示しない新古典派経済学は無力になってしまいます。

ケインズ経済学が登場した背景には，1929年に始まる世界恐慌がありました。ケインズ経済学はイギリスの経済学者ケインズによって提唱された考え方です。ケインズ経済学は，市場における価格の調整メカニズムがうまく機能しない想定をおき，マクロ経済を分析するところに特徴があります。本書では，すでに新古典派経済学の考え方については学習をしたので，本章でケインズ経済学の考え方を学びます。

● GDPとは「新たな付加価値の合計」

皆さんは「GDP」という言葉を聞いたことがありますか。これは，Gross Domestic Product の略で国内総生産の意味です。新聞やニュースでも，GDPは話題になります。GDPは，国の経済規模を示す代表的なマクロ経済の指標であり，GDPを正しく理解することが，マクロ経済学の理解につながります。

GDPの定義は，ある一定期間（たとえば1年間）に，ある1国の国内において，新たに生産された財・サービスの付加価値の合計です。私たち家計は，コンビニやスーパーマーケットの小売店において，財を購入して生活しています。その財は，製造過程や流通過程を経て小売店に並んでいます。製造過程や流通過程において，どのような付加価値が生まれたのかを考えてみます。

「新たな付加価値の合計」を説明するために，農家，精米所，スーパーマーケットによる米の製造過程と流通過程を例とします。図7.1をご覧ください。

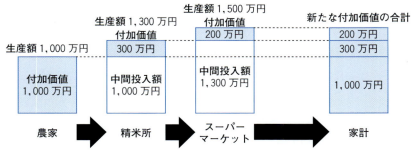

図7.1 生産額，中間投入額，付加価値の概念

ある国の農家が，農地（土地），機械（資本），労働といった生産要素によって，米を生産したとします。単純化のため，原材料の価値はゼロとします。生産された米を精米所が1,000万円で買い取ったとしましょう。

このとき，農家による米の生産額は1,000万円であり，農家が米を生産したことによる「新たな付加価値」も1,000万円になります。

精米所は農家から米を1,000万円で買い取り，精米所の土地，工場（資本），精米機（資本），労働といった生産要素によって，精米を行います。精米された米は，スーパーマーケットが1,300万円で買い取ったとしましょう。

精米所による精米の生産額は1,300万円ですが，精米所が精米したことによる「新たな付加価値」は300万円（＝1,300万円－1,000万円）です。精米所は，米を精米することで，「新たな付加価値」を財に与えたのです。なお，農家から買い取った1,000万円の米は，精米所にとっては原材料費となります。これを**中間投入額**とよびます。

スーパーマーケットは精米所から精米を1,300万円で買い取り，小売店は家計に販売します。家計は，スーパーマーケットに並んでいる米を1,500万円で購入したとしましょう。スーパーマーケットによる米の販売額（生産額）は1,500万円ですが，中間投入額は1,300万円で，スーパーマーケットが販売したことによる「新たな付加価値」は200万円（＝1,500万円－1,300万円）です。スーパーマーケットは，小売店で米を家計に販売することで，「新たな付

加価値」を財に与えたのです。

したがって，製造過程や流通過程における付加価値は

　　付加価値＝生産額－中間投入額

によって計算されます。この付加価値を，製造過程や流通過程で集計したものが「新たな付加価値の合計」です。さらに，ある一定期間（たとえば1年間）に，1国の国内における「新たな付加価値の合計」を，市場で取引されるすべての財・サービスについて集計すれば，GDPを得ることができます。このようにして得られるGDPが<u>生産面のGDP</u>（国内総生産）です。<u>生産面のGDPは，マクロ経済の供給を示しています</u>。

　　生産面のGDP＝すべての財・サービスの
　　　　　　　　　「新たな付加価値の合計」を集計

● GDPに含むもの，含まないもの

　生産面のGDPは，市場で取引される財・サービスについて，市場で取引される価値を集計して得られます。そのため，市場で取引されない財・サービスについては，原則的にはGDPに含むことはできません。

　たとえば，自宅で行われる料理，洗濯，掃除といった家事サービスや子育てのような家庭内での<u>無償の労働サービスについては，市場において賃金が支払われているわけではないため，GDPには含みません</u>。同じ理由で，ボランティア活動も，GDPには含まれません。

　しかし，外部の業者に頼んで有償の家事サービスを利用したり，子どもを保育園などに預けるならば，そこで働く労働者に賃金が支払われるため，サービスに対する新たな付加価値が生じ，GDPに算入されます。

　なお，土地の値上がりによる売却益や中古品の売買は，新たに生み出された付加価値ではないために，GDPには含まれません。さらには，麻薬の取引など，非合法な地下経済における経済活動もGDPには含まれません。

　一方，市場で取引がなされていなくても，GDPの計算に含めている財・サービスがあります。

　第1に，市場を通さないで供給される公共サービスは，市場での取引がなく，

その市場での価値が判明しません。そのため，公共サービスについては，その費用そのもの（たとえば公務員の給料）をGDPに計上します。

第2に，農家などが自分で生産した農作物を，市場にて販売することなく，自分で消費する自家消費です。本来，農家の自家消費はGDPに含めるべきであることから，農家が生産した農作物は，すべて市場で販売されたと考えて，その金額を推計することで，自家消費をGDPに計上しています。

第3に，家計が自宅を持ち家にしている場合も，農家の自家消費と同じような取扱いになっています。借家の場合は，市場によって家賃が決められており，市場での取引がなされていることから，GDPに含まれますが，持ち家には家賃が発生しません。持ち家は，自分で購入した住宅の自家消費です。そのため，持ち家に対して仮に家賃を支払うと考える帰属家賃の金額を推計することで，GDPに計上しています。

● **三面等価の原則**

1国経済の生産において，「新たな付加価値」を集計すれば，生産面のGDPが計算できました。ここでは，別の観点からGDPを計算する方法について考えます。

図7.1において，小売店の米は家計が1,500万円で購入していました。これは，家計の消費に相当します。米に限らず，生産された財・サービスは，いずれは誰かに購入されます。この点から考えれば，GDPは誰かの購入した金額を積み上げても，計算ができることになります。この点について，図7.2を見ながら考えてみます。

まず，X国という架空の国において，生産面のGDPが500兆円として計算されたとします。GDPは，市場で取引される財・サービスの価値を集計したものなので，生産面のGDPは誰かが必ず購入しています。1国経済において，財・サービスを購入する経済主体には，家計，企業，政府がありました。

そこで図7.2には，家計の支出300兆円，企業の支出90兆円，政府の支出100兆円が示されています。さらに，外国の支出10兆円も追記しています。それぞれについて，どのような支出なのか，具体的に考えてみます。

家計の支出には，消費に加えて住宅投資があります。消費と投資の違いは，消費は1年以内に効果が費消されてしまう財・サービスへの支出であるのに対

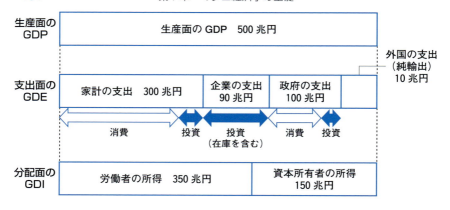

図 7.2　三面等価の原則

し，投資は1年を越えて効果をもつ財への支出です。住宅の購入は投資に相当します。

企業の支出とは主に設備投資です。投資は将来の収益を高めるために実施される支出なので，消費とは異なります。

政府の支出にも，消費と投資があります。政府消費は，公務員の給料や社会保障への給付など，1年以内に効果が費消される支出です。一方，政府の投資とは，たとえば公共事業への支出です。道路，橋梁，空港，港湾といった社会資本は，1年を越えた効果を期待できます。

最後に外国の支出です。本書では，ここで初めて外国が経済主体として登場しました。現実の経済では，貿易がなされていることから，外国も重要な経済主体です。なお，ここでの外国の支出は，具体的には輸出から輸入を差し引いた純輸出です。X国の国民も，他の国の財・サービスを購入している（輸入）はずなので，そのために輸出から輸入を差し引かねばなりません。

以上のように，家計，企業，政府，外国の支出をすべて足し合わせることで，支出面の国内総支出（GDE；Gross Domestic Expenditure）を計算できます。ところで，生産された財・サービスは，誰かによって本当にすべて購入されるのでしょうか。つまり，企業に売れ残り商品，すなわち在庫があるならば，支出の合計は生産面のGDPを下回るように思います。

企業の在庫については，企業が在庫を増やすために投資したとする「在庫投

資」という考え方で処理します。この考え方によって，在庫があったとしても，支出面の GDE は事後的には必ず生産面の GDP に等しくなります。支出面の GDE は，マクロ経済の需要を示しています。

次に，生産面と支出面とは別の側面から GDP を考えます。生産面の GDP は，市場によって取引された財・サービスの付加価値の合計なので，要は企業の「売上」です。企業は，売上から生産要素への報酬，具体的には労働者への所得や資本所有者への所得を支払うことになります。

図 7.2 にあるように，「売上」である生産面の GDP は，すべて労働者と資本所有者への所得として分配されます。したがって，分配面の国内総所得（GDI；Gross Domestic Income）もまた，生産面の GDP に等しくなります。企業の「売上」が労働者の所得に分配された後の利潤は，株主など資本所有者の所得として分配されます。企業内に貯蓄される資金である内部留保も，資本所有者の所得として考えます。

以上により，生産面の GDP，支出面の GDE，分配面の GDI はすべて等しくなります。これを三面等価の原則とよんでいます。

● **名目と実質，そして物価**

私たちが，新聞などで目にする GDP は，通常は名目 GDP です。名目 GDP とは，国内で生産された，中間投入を除くすべての財・サービスの数量に，それらの財・サービスの市場における価格を乗じて，その和を計算したものです。

ある架空の X 国において，t 年の財・サービス j（$1 \leq j \leq J$）の中間投入を除く生産数量 $Q_{t,j}$，価格 $P_{t,j}$ とすれば，名目 GDP_t は次のように計算できます。

$$\text{名目 } GDP_t = P_{t,1}Q_{t,1} + P_{t,2}Q_{t,2} + \cdots + P_{t,j}Q_{t,j} + \cdots + P_{t,J}Q_{t,J} = \sum_{j=1}^{J} P_{t,j}Q_{t,j}$$

このことから，名目 GDP が増加する要因は，数量が増えるか，価格が増えるか，もしくは双方か，ということになります。たとえば，2020 年の X 国の名目 GDP は次のようになります。

$$\text{名目 } GDP_{2020} = \sum_{j=1}^{J} P_{2020,j}Q_{2020,j}$$

名目 GDP の増加が，数量の要因なのか，価格の要因なのか，という点は，非常に重要です。数量が増えているならば，生産量が増加しているといえます

が，単に価格が上昇しているだけなら，本来の意味で GDP が増えたとはいえないからです。

そこで価格の要因を分離して，数量の要因だけを取り出した指標として，**実質 GDP** があります。実質 GDP の計算には，基準年と比較年の 2 カ年が必要で，基準年の価格を固定して，比較年の実質 GDP を計算します。

いま，基準年を 0 年，比較年を t 年とすれば，t 年の X 国の実質 $GDP_{0,t}$ は，0 年の価格 P を用いて，次のように計算できます。

$$実質\ GDP_{0,t} = P_{0,1}Q_{t,1} + P_{0,2}Q_{t,2} + \cdots + P_{0,j}Q_{t,j} + \cdots + P_{0,J}Q_{t,J} = \sum_{j=1}^{J} P_{0,j}Q_{t,j}$$

たとえば，2010 年を基準年としたときの，2020 年の X 国の実質 GDP は次のようになります。

$$実質\ GDP_{2010,2020} = \sum_{j=1}^{J} P_{2010,j}Q_{2020,j}$$

基準年と比較年を比べて，どれだけ価格の要因が変動したかを調べるのが，**GDP デフレータ**です。GDP デフレータは，名目 GDP を実質 GDP で除算した比率で示され，通常は基準年を 100 とする指標です。

$$GDP\ デフレータ_{0,t} = 100 \times \frac{\sum_{j=1}^{J} P_{t,j}Q_{t,j}}{\sum_{j=1}^{J} P_{0,j}Q_{t,j}}$$

もし，X 国の 2020 年の名目 GDP が 515 兆円で，2010 年を基準年としたときの 2020 年の実質 GDP が 500 兆円ならば，2020 年の GDP デフレータは 103（＝100×515÷500）になります。GDP デフレータの計算において，価格は基準年で固定されているため，2010 年から 2020 年にかけて，X 国は価格の要因で GDP が 3% 増えたことが分かります。

なお，GDP デフレータは，1 国内のすべての財・サービスの価格の要因を集計した**物価**です。物価とは，個々の財・サービスの価格を全体的にとらえる場合に用いられています。物価には，GDP デフレータのほかに，消費者物価指数や企業物価指数といったものがあり，それぞれに計算方法が異なります。

図 7.3 には，**財市場**における GDP を図示しています。マクロ経済の財市場では，1 国内のすべての財・サービスを集計した**総需要曲線**と**総供給曲線**が描かれます。横軸はすべての財・サービスの生産量 Y，縦軸は物価 P です。総需要曲線は右下がり，総供給曲線は右上がりとして描いています。

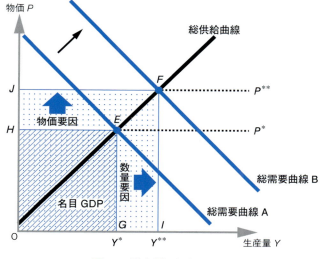

図 7.3　財市場における GDP

　いま,当初の経済において,総需要曲線 A と総供給曲線が交わる E 点で均衡が達成されていたとしましょう。このとき,均衡価格 P^*,均衡数量 Y^* で,名目 GDP は □$OGEH$ の面積で表現できます。

　次に,何らかの要因で,総需要曲線 A が総需要曲線 B へシフトしたとしましょう。新しい均衡点は F 点になり,均衡価格 P^{**},均衡数量 Y^{**} となります。名目 GDP は □$OIFJ$ の面積となり,当初の名目 GDP よりも増加します。なお,均衡 E 点から均衡 F 点への変化にともなう名目 GDP の増加要因は,物価が上昇する要因と数量が増加する要因の 2 つに分けることができます。GDP デフレータは物価要因,実質 GDP は数量要因に着目した指標です。

● GDP の意義

　GDP は,ある一定期間に,ある国において,どれだけ新しく付加価値が生み出されたかを示しています。付加価値の増加は資源の価値の増加であり,分配面でも所得を増やすことになるため,GDP は大きいほど,一般的には経済にとって望ましいと考えられます。

　特に,1 人当たり GDP という指標は,その国の国民がどれだけ経済的に豊かなのかを示しています。日本では,高度経済成長時代を経て,全体の GDP

も1人当たりGDPも急激に増えました。人々が購入できる財・サービスが増加し，所得が増えたことは，日本という国が豊かになった証拠だといえます。

個々の家計にとっては，満足度すなわち効用が高くなることが大切です。GDPは家計の消費を含み，投資は将来の生産性に影響し，さらには所得を構成するものなので，GDPの増加は家計の効用を高めると，一般的には考えてもよいでしょう。

しかしながら，公害をともなう生産活動が拡大しても，GDPは増えてしまうため，単純にGDPが増えればよいというわけではありません。また，GDPが増加しても，貧富の格差が開いているかもしれません。GDPはマクロ経済の指標なので，個々の家計の所得水準を把握する指標ではありません。そのため，GDPの特徴を把握し，その意義を理解しておくことが重要なのです。

レクチャー 7.2　財市場の総供給曲線

● 長期の総供給曲線は垂直になる

新古典派経済学とは異なり，ケインズ経済学では，市場における価格の調整メカニズムがうまく機能しない状況に着目します。その背景には，「長期」と「短期」の区別があります。ここでの「長期」とは，市場における価格の調整メカニズムが十分に機能するだけの長い時間を意味します。一方，「短期」とは，価格の調整メカニズムが機能できないくらい短い時間です。

ここでは，「長期」において，財市場の総供給曲線がどのように描かれるかについて，図7.4を参考にして考えます。重要なのは総供給曲線の形状です。

まず，図7.4の左上図には①労働市場が描かれています。通常の右下がりの労働需要曲線と右上がりの労働供給曲線が交わる均衡E点において，実質賃金$(W/P)_F$と労働量L_Fが決まります。労働市場が均衡しているので，働きたいと考えている労働者はすべて雇用されており，**完全雇用**が達成されています。L_Fは完全雇用の労働の数量です。

なお，実質賃金W/Pは名目賃金Wを物価Pで割って得られています。たとえば，ある学生が時給1,000円でアルバイトをしているとします。時給1,000円は名目賃金に相当します。このときの物価$P=1$とすれば，実質賃金は1,000円（$=1,000$円$\div 1$）になります。

レクチャー7.2 財市場の総供給曲線

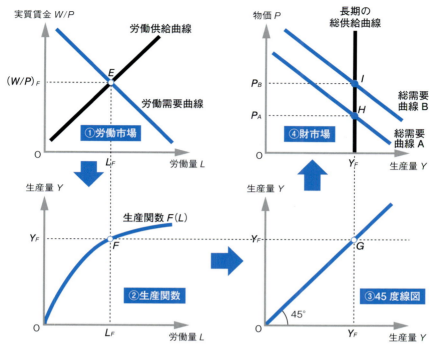

図7.4 長期の総供給曲線

　もし，物価 P が何らかの要因で上昇し，$P=2$ になったとしましょう。$P=1$ が $P=2$ になるのは，物価が2倍になるという，やや極端な状況です。すると，実質賃金 W/P は500円（$=1,000$ 円$\div 2$）に低下します。物価の上昇は，実質的な賃金の価値を下げるのです。

　ただし，労働市場において，労働需要曲線と労働供給曲線に変化がないならば，名目賃金 W が上昇し，実質賃金 W/P は再び最初の水準に戻ります。つまり，時給は2,000円になり，実質賃金は1,000円（$=2,000$ 円$\div 2$）になります。このような市場における価格（ここでは実質賃金）の調整メカニズムがうまく機能するのが「長期」だと考えられます。

　とにかく，図7.4 の左上図の①労働市場において，労働量 L_F が決まりました。続いて，左下図の②生産関数を考えます。単純化のため，マクロ経済の生産関数 F は，生産要素の労働量 L のみによって生産量 Y が決まるとし，$Y=F(L)$ とします。労働市場で労働量 L_F が決められたため，$Y_F=F(L_F)$ より生産量は Y_F の水準に決定されます（F 点）。Y_F は完全雇用における生産量です。

次に，図 7.4 の右下図では，③45 度線図を描いています。45 度線図は，横軸と縦軸を同じ数字にする便利な図です。ここでは，縦軸も横軸も生産量 Y なので，左下図の②生産関数で決められた完全雇用の生産量 Y_F は，45 度線図の縦軸の Y_F と 45 度線が交わる G 点において，横軸でも Y_F になります。

最後に，図 7.4 の右上図では，④財市場が描かれています。③45 度線図からの生産量 Y_F が実現するように，総供給曲線が描かれます。「長期」では，市場における価格の調整メカニズムが機能するために，財市場の総供給曲線は完全雇用の生産量で垂直になるのです。

なお，ここでは単純化のため，生産要素を労働だけに限定して説明をしましたが，いま一つの生産要素である資本を導入しても，同じように長期の総供給曲線が垂直になります。資本市場の資本需要曲線と資本供給曲線が交わる均衡において，実質利子率（＝名目利子率/物価）と資本の数量が決まりますが，「長期」では実質利子率の調整メカニズムがうまく機能します。

さて，図 7.4 の右上図において，当初の経済では総需要曲線 A と総供給曲線が交わる H 点で均衡し，物価は P_A だったとします。ここで，何らかの要因によって，総需要曲線 A が総需要曲線 B へシフトしたとしましょう。総需要曲線 B と総供給曲線が交わる I 点が新たな均衡点となり，物価は P_B となります。

総供給曲線が垂直なので，総需要曲線がいかにシフトしても，生産量は変化しません。物価が変化するだけです。物価がどれだけ変化しても，「長期」では労働市場で実質賃金が調整されるため，完全雇用が実現します。そのため，財市場における「長期」の総供給曲線は垂直になります。

● **短期の総供給曲線は水平になる**

続いて，「短期」の総供給曲線がどのような形状になっているかについて，図 7.5 を参考にして考えます。ケインズ経済学が登場した背景には，世界恐慌による不況がありました。不況においては，労働市場で失業が発生します。

そこで，図 7.5 の左上図では，①労働市場において失業が存在する状態を想定します。「短期」においては，実質賃金 W/P がうまく調整されず，線分 JK で示される超過供給によって失業が発生します。雇用されている労働量は L^* に留まります（J 点）。

なぜ，「短期」においては，実質賃金 W/P が調整されないのでしょうか。

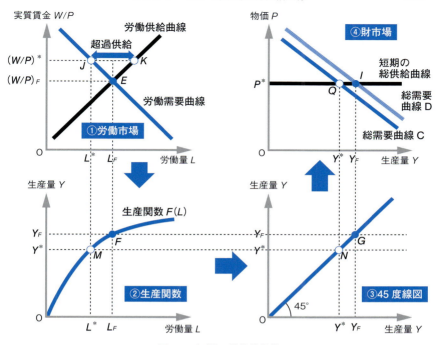

図7.5　短期の総供給曲線

理由は様々に考えられます。たとえば、労働者と経営者が雇用契約を結んでいる場合、名目賃金 W は固定されます。また、労働組合の存在は、名目賃金を維持する、もしくは引き上げる圧力を、経営者に与えます。

これらの結果、名目賃金は「短期」においては低下せず、やはり「短期」では物価 P も変動しないため、労働市場の超過供給は解消しません。労働量 L^* は完全雇用の労働量 L_F よりも小さいことに注意しましょう。

次に図 7.5 の左下図では、②生産関数 $Y=F(L)$ を示しています。労働市場で労働量 L^* が決まったので、$Y^*=F(L^*)$ より M 点において生産量 Y^* が決まります。もちろん、Y^* は完全雇用の生産量 Y_F よりも小さいです。続いて、図 7.5 の右下図の③45 度線図によって、縦軸の生産量 Y^* が 45 度線と交わる N 点により、横軸の生産量 Y^* に変換します。

最後に図 7.5 の右上図の④財市場です。「短期」においては物価 P による調整メカニズムが機能しないため、物価は P^* の水準で固定されます。その結果、Q 点で物価 P^* と生産量 Y^* が実現します。労働市場の超過供給がより大きい

場合は,生産量 Y^* よりも小さい生産量が財市場に供給されます。以上のことから,財市場における「短期」の総供給曲線は水平になります。

さて,図 7.5 の右上図において,当初の経済では総需要曲線 C と総供給曲線が交わる Q 点で均衡し,生産量は Y^* だったとします。Y^* は完全雇用の生産量 Y_F よりも小さいですが,「短期」においては実質賃金や物価による調整メカニズムが機能しないため,このままだと完全雇用の生産量は達成できません。そこで,総需要曲線 D のように,何らかの方法で総需要曲線を上方にシフトさせることが必要になるのです。

● **短期,中期,長期の財市場**

「長期」では市場の価格調整メカニズムが機能するため,財市場の総供給曲線が垂直になり,「短期」では調整メカニズムが機能しないため,総供給曲線が水平になることを示しました。

「長期」と「短期」の総供給曲線を,1 つの財市場の図に示すならば,図 7.6 のようになります。線分 HI の水平となる部分は「短期」の総供給曲線,線分 JK の垂直となる部分は「長期」の総供給曲線に相当します。

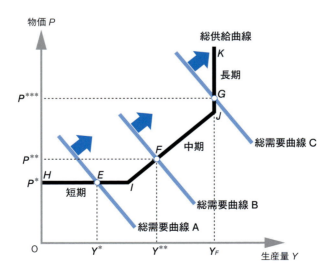

図 7.6 短期,中期,長期の財市場

「長期」と「短期」の総供給曲線の間には，線分 IJ として右上がりの総供給曲線が描かれています。これは「中期」の総供給曲線だと考えることができます。「中期」においては，「短期」よりも市場の価格調整メカニズムが機能しますが，「長期」よりは機能しないような状況を想定しています。このようにして，右上がりの総供給曲線が描かれました。

「短期」において，総需要曲線 A が与えられたとき，総供給曲線との交点 E 点において，物価 P^* と生産量 Y^* が決定します。この生産量は完全雇用の生産量 Y_F よりは小さいとします。もし，何らかの理由で総需要曲線 A が増加して右にシフトすれば生産量は増加しますが，交点が I 点に至るまでは物価は変化しません。したがって，<u>「短期」では総需要が生産量を決定しているといえます。</u>

「中期」において，総需要曲線 B が与えられたとき，総供給曲線との交点 F 点において，物価 P^{**} と生産量 Y^{**} が決定します。この生産量は完全雇用の生産量 Y_F よりは小さいとします。ここでも，何らかの理由で総需要曲線 B が増加して右にシフトするとしましょう。このとき，交点が J 点に至るまでは生産量は増加し，同時に物価も上昇します。

「長期」において，総需要曲線 C が与えられたとき，総供給曲線との交点 G 点において，物価 P^{***} と生産量 Y_F が決定します。この生産量は完全雇用の生産量です。同様に，何らかの理由で総需要曲線 C が増加して右にシフトすれば，物価は上昇しますが，生産量は増えません。したがって，<u>「長期」では総供給が生産量を決定し，総需要は物価のみに影響を与えることになります。</u>継続的な物価の上昇が**インフレーション**ですが，完全雇用の生産量を達成しているときに，総需要が増えればインフレーションが生じます。

以上のことから，<u>市場の価格調整メカニズムを重視する新古典派経済学は，「長期」の総供給曲線を想定しており，供給が需要を創り出すマクロ経済のイメージを描いています。一方，市場の価格調整メカニズムが機能しないと考えるケインズ経済学は，「短期」の総供給曲線を想定し，需要が供給を創り出すマクロ経済を念頭に置いています。</u>

どちらが正しいのかは，経済がおかれている状況によります。<u>「長期」は労働市場での完全雇用を前提にしているため，景気が良い状態だと考えることができます。一方，「短期」は失業が発生している可能性もあることから，景気</u>

が悪い状態だととらえることもできます。

　景気が悪いときは、労働市場で失業が発生しています。「長期」で考えるならば、労働市場の超過供給はいずれ解消されるので、総供給を大切だとする新古典派経済学は問題視しないかもしれません。

　しかし、「短期」で考えるならば、市場の価格調整メカニズムが機能しないため、失業の解消はすぐには困難です。いずれ失業が解消するといわれても、いま、失業している人にとっては、今日明日の生活が大切です。そこで、総需要が大切だとするケインズ経済学の考え方が重視されるのです。本章の以降では、ケインズ経済学が「短期」のマクロ経済をどのように分析するのかについて、検討します。

復習
(1) ◻︎◻︎◻︎経済学は、市場の調整メカニズムがうまく機能しない想定をおいて、マクロ経済を分析する。
(2) 「新たな付加価値の合計」であるGDPは、生産額から◻︎◻︎◻︎を差し引いて得られる。
(3) ◻︎◻︎◻︎の原則によれば、生産面のGDP、支出面の国内総支出、分配面の国内総所得はすべて等しい。
(4) 財市場において、◻︎◻︎◻︎曲線の形状は、短期、中期、長期で異なる。

レクチャー 7.3　国民所得の決定

● 45度線図における短期の財市場

　短期においては、市場の価格調整メカニズムは機能せず、総需要が生産量を決定しました。図7.7の上図にあるように、財市場では短期の総供給曲線は水平になります。そのため、総需要曲線との交点Eにおいて、生産量Y^*が決定されます。

　このとき、名目GDPは□$OHEG$の面積です。三面等価の原則によれば、生産面の国内総生産GDP、支出面の国内総支出GDE、分配面の国内総所得GDIはすべて等しくなります。したがって、名目GDPは国民所得にも等しくなります。

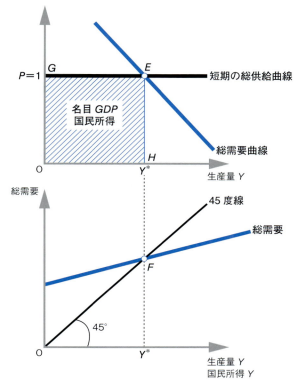

図 7.7　財市場と 45 度線図の関係

　ここで，物価を $P=1$ に固定しましょう。「短期」においては，物価は変動しないので，物価をどのような水準に固定してもよいはずです。名目 $GDP=$ 物価 $P \times$ 生産量 Y が成り立つので，$P=1$ だとすれば，名目 $GDP=$ 生産量 Y となります。さらに，三面等価の原則により，生産量 $Y=$ 国民所得も同時に成り立ちます。

　生産量 Y と国民所得が等しいならば，両者を同じ軸として図示することができます。それが図 7.7 の下図にある 45 度線図です。この図では，横軸に生産量 Y と国民所得 Y をとり，45 度線を描いています。

　45 度線図の縦軸には総需要をとります。総需要が，国民所得 Y とどのような関係にあるかは，本章を読み進めると理解できますが，ここでは仮に総需要が国民所得の 1 次関数になっているとしましょう。つまり，国民所得が増えると，総需要が増えるという右上がりの関係があるとします。

このとき，総需要と 45 度線が交わる F 点において，生産量 Y^* が決定されます。45 度線上において，縦軸と横軸の値は一致します。したがって，総需要が生産量を決定するという，ケインズ経済学における「短期」の財市場の均

> **コラム 7.1　国内総生産と国民所得**
>
> 　本章では，国内総生産 GDP と国民所得が等しいとして，45 度線図を描いていますが，厳密には等しくなりません。その点について，ここで解説します。
>
> 　下記の図にあるように，ある一定期間の国内生産額から中間投入額を差し引くと，国内総生産 GDP が得られます。GDP には，生産要素への所得である国内要素所得（労働所得と資本所得），純間接税（正式には生産・輸入品に課される税（控除）補助金）に，資本減耗が含まれます。なお，GDP から資本減耗を差し引けば，国内純生産 NDP が得られます。
>
> 　ここで純間接税とは，消費税などの間接税から企業への補助金を差し引いた金額です。企業は間接税を政府に支払い，補助金を政府から受け取っています。
>
> 　国民所得には，要素費用表示と市場価格表示の 2 種類の表記方法があります。要素費用表示は，国内要素所得である労働所得と資本所得を足し合わせた国民所得で，生産要素を提供する国民（すなわち家計）の所得を示しています。一方，市場価格表示の国民所得は，企業が政府に支払う純間接税を含めます。その理由は，財市場においては，純間接税を含めた価格で取引がなされているからです。
>
>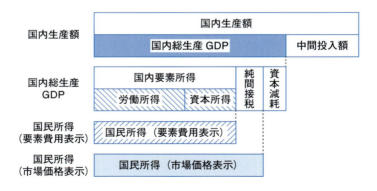
>
> 　したがって，国内総生産 GDP と国民所得は，厳密には一致しません。しかしながら，資本減耗（および純間接税）を無視すれば，GDP と国民所得は一致します。そのため，本章の以降の展開では，GDP と国民所得を同義として取り扱うことになります。

衡条件が，45度線図によって表現できているのです。ここからは45度線図によって，財市場の分析を行いますが，前提として物価が固定されていることに注意しましょう。

● 総需要の構成

「短期」の財市場においては，総需要がマクロ経済の生産量を決定します。「短期」の生産量を左右する総需要が，どのような構成になっているか，考えてみましょう。

財・サービスの需要には，家計の消費，家計の住宅投資，企業の設備投資，政府の消費，政府の投資といった項目が考えられます。したがって，家計，企業，政府が，財市場の需要に関わっています。

三面等価の原則では，生産面のGDP，支出面の国内総支出，分配面の国内総所得が等しくなることを学びました。生産面のGDPは財市場の総供給，支出面の国内総支出は総需要に相当します。分配面の国内総所得は，総需要の裏づけとなる所得です。

図7.2で支出面の国内総支出は，家計の支出，企業の支出，政府の支出，外国の支出（純輸出）から成り立つことを示しました。家計の支出は主に消費と住宅投資，企業の支出は投資です。

家計と企業の投資を1つにまとめ，純輸出 $NX=$ 輸出 $EX-$ 輸入 IM とすれば，総需要 Y_D は以下のようになります。

　　総需要 $Y_D=$ 消費 $C+$ 投資 $I+$ 政府支出 $G+$ 純輸出 NX

これが図7.7の総需要に相当します。

また，「短期」の財市場においては，物価は変化せず，総需要 Y_D によって生産量，すなわち総供給 Y_S が決まります。

　　総供給 $Y_S=$ 総需要 Y_D

この関係は財市場の**均衡条件**であり，図7.7では45度線に相当します。

以上より，総需要を構成する消費 C や投資 I が，どのような要因で決まるのかについて検討することで，「短期」の財市場による国民所得の決定理論を知ることになります。

● 消費と消費関数

　消費は GDP のなかでは最大の項目です。ここでは，消費がどのようにして決定されるのかについて考えます。

　家計の消費 C は**可処分所得**から支出され，残りが貯蓄 S になります。可処分所得とは，国民所得 Y から租税（および社会保険料負担）T を差し引いたもので，家計が自分の意思で処分を決めることができる所得のことです。可処分所得は $(Y-T)$ として表すことができます。

　　消費 C ＋貯蓄 S ＝可処分所得$(Y-T)$

　可処分所得$(Y-T)$ を，どの程度，消費 C に充てたのかを示す指標が**平均消費性向**です。また，どの程度，貯蓄 S に充てたのかを示すのが**平均貯蓄性向**です。

$$\text{平均消費性向}=\frac{\text{消費 }C}{\text{可処分所得}(Y-T)} \qquad \text{平均貯蓄性向}=\frac{\text{貯蓄 }S}{\text{可処分所得}(Y-T)}$$

　通常，平均消費性向も平均貯蓄性向も，0 から 1 の間の値になります。可処分所得が 300 兆円の家計が，210 兆円を消費，90 兆円を貯蓄するならば，平均消費性向は 0.7（＝210 兆円÷300 兆円），平均貯蓄性向は 0.3（＝90 兆円÷300 兆円）です。したがって，平均消費性向＋平均貯蓄性向＝1 になります。

　そして，可処分所得$(Y-T)$ がわずかに増えたときに，その増分 $\varDelta(Y-T)$ に対して，消費がどれくらい増えるのかを示すのが**限界消費性向**，貯蓄がどれくらい増えるのかを示すのが**限界貯蓄性向**です。

$$\text{限界消費性向}=\frac{\text{消費の増分 }\varDelta C}{\text{可処分所得の増分 }\varDelta(Y-T)}$$

$$\text{限界貯蓄性向}=\frac{\text{貯蓄の増分 }\varDelta S}{\text{可処分所得の増分 }\varDelta(Y-T)}$$

　通常，限界消費性向も限界貯蓄性向も，0 から 1 の間の値になります。家計の可処分所得が 1 兆円だけ増えたとき，その 1 兆円に対して，家計が 6,000 億円の消費を行い，4,000 億円を貯蓄するならば，限界消費性向は 0.6（＝6,000 億円÷1 兆円），限界貯蓄性向は 0.4（＝4,000 億円÷1 兆円）です。したがって，限界消費性向＋限界貯蓄性向＝1 になります。

　以上を踏まえて，消費と可処分所得の関係を示す消費関数を，次のように表

します。

消費 C＝基礎的消費 c_0＋限界消費性向 c_1×可処分所得$(Y-T)$

図 7.8 の上図には，横軸を可処分所得，縦軸を消費として，消費関数を図示しています。基礎的消費 c_0 は，可処分所得がゼロでも，家計の生存のために必要な消費を意味します。可処分所得が限界的に増えれば，限界消費性向 c_1 だけの消費が行われます。消費関数にしたがえば，図 7.8 の上図で可処分所得が $(Y-T)^*$ のとき，消費は C^* に決定されます。

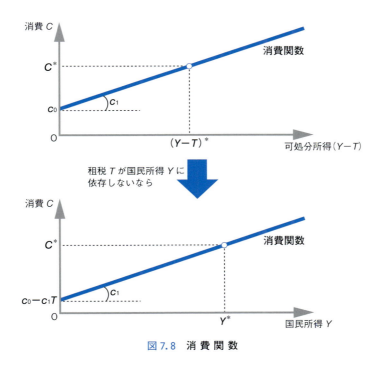

図 7.8　消　費　関　数

さらに，消費関数を次のように整理できます。

$C=c_0+c_1(Y-T)=(c_0-c_1T)+c_1Y$

租税 T が国民所得 Y に依存しないならば，図 7.8 の下図にあるように，横軸を国民所得 Y としても，消費関数を描くことができます。

たとえば，基礎的消費 $c_0=150$ 兆円，限界消費性向 $c_1=0.6$ で一定だとすれ

ば，消費関数は次のようになります。

$$C = 150 + 0.6(Y - T) = (150 - 0.6T) + 0.6Y$$

国民所得 Y が 320 兆円，租税 T が 20 兆円ならば，可処分所得 $(Y-T)$ は 300 兆円であり，消費 C は 330 兆円（$=150+0.6\times300$）です。

なお，租税 T が所得税ならば，本来は国民所得 Y に依存するはずです。しかしながら，ここでは単純化のために，国民所得から独立した租税を前提にしています。もちろん，国民所得に依存する所得税を考えることもできます。

● **45 度線分析による国民所得の決定**

図 7.7 では，「短期」の財市場を 45 度線図で表現できることを示しました。また，図 7.8 の下図では，消費 C が国民所得 Y に依存する消費関数を描きました。これらの図を統合することで，単純なマクロ経済において，国民所得がいかにして決定されるかを考えます。

図 7.9 には，縦軸を総需要，横軸を国民所得とする 45 度線図を描いています。総需要 Y_D は消費 C，投資 I，政府支出 G，純輸出 NX の合計で，「短期」の財市場では総供給 Y_S と総需要とが一致します。

$$Y_D = C + I + G + NX$$
$$Y_S = Y_D$$

消費関数 C は国民所得 Y の関数なので，図 7.9 には右上がりの消費関数を描いています。投資 I，政府支出 G，純輸出 NX が，国民所得とは独立であると考えれば，消費関数の切片に $I+G+NX$ を加えることで，総需要 Y_D を図示できます。

財市場では，総需要と 45 度線の交点 E 点において，均衡条件である総供給＝総需要が成立します。このときの国民所得 Y^* が **均衡国民所得** ですが，Y^* を計算するために，消費関数の具体的な形を考慮します。

$$Y_D = c_0 + c_1(Y^* - T) + I + G + NX = (c_0 - c_1 T) + c_1 Y^* + I + G + NX$$
$$Y_S = Y_D = Y^*$$

基礎的消費 c_0，限界消費性向 c_1 が一定で，租税 T が国民所得 Y に依存しない

レクチャー 7.3 国民所得の決定

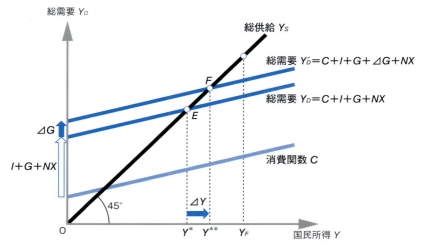

図 7.9　45 度線分析による国民所得の決定

と考えれば，均衡国民所得 Y^* について解くことができます。

$$Y^* = \frac{(c_0 - c_1 T) + I + G + NX}{1 - c_1} \tag{1}$$

三面等価の原理により，国民所得は GDP と等しくなります。そのため，ここで求められた均衡国民所得 Y^* は，均衡 GDP でもあります。すなわち，マクロ経済の GDP の水準は，基礎的消費，限界消費性向，投資，政府支出，純輸出のデータを入手すれば，計算できるということになります。

たとえば，$c_0 = 150$ 兆円，$c_1 = 0.6$，$T = 40$ 兆円，$I = 30$ 兆円，$G = 40$ 兆円，$NX = 10$ 兆円ならば，

$$\frac{(150 - 0.6 \times 40) + 30 + 40 + 10}{1 - 0.6} = 515$$

のように，均衡国民所得 Y^* は 515 兆円です。

ただし，「短期」においては，労働市場が完全雇用でないかもしれません。そのため，図 7.9 にあるように，均衡国民所得 Y^* は完全雇用の国民所得 Y_F よりも低い可能性があります。

この場合，均衡国民所得 Y^* においては，労働市場の超過供給，すなわち失業が発生しています。市場の価格調整メカニズムがうまく機能すれば，賃金や物価による調整によって失業が解消され，完全雇用の国民所得 Y_F も実現する

かもしれません。しかし、そのような市場の価格調整メカニズムが働かないのが「短期」でした。そのため、また別の手段が必要になります。

レクチャー 7.4 マクロ経済政策の効果
● 政府支出の増加による国民所得の増加

「短期」の財市場において完全雇用の国民所得を実現し、労働市場において完全雇用を目指すには、政府による政府支出の増加によって、総需要を増やすことが考えられます。価格調整が使えないならば数量調整の出番です。しかし、家計も企業も、市場の規模で数量調整ができるほどの力はありません。

そこでいまひとつの経済主体である政府が登場します。政府によるマクロ経済の運営がマクロ経済政策です。マクロ経済学では、政府によるマクロ経済政策がどのような効果をもつのかを検討します。

ここでは、政府が公共事業を拡大し、政府支出が増加できるとします。政府支出の財源は、増税も考えられますが、ひとまず国債を発行するとしましょう。増税による政府支出の増加については、後に考察の対象とします。

国債とは政府の借入金です。国債は、将来的には増税によって返済されるものです。しかし、いまは「短期」のマクロ経済を分析しているため、将来については考察の対象外とします。

政府支出の増加 $\varDelta G$ を追加した総需要 Y_D' を以下のように定式化します。政府支出の増加 $\varDelta G$ によって、総需要は Y_D から Y_D' へ増加しました。図 7.9 にその様子を示しています。新しく決定される国民所得を Y^{**} とすれば、下記が成立します。

$$Y_D' = c_0 + c_1(Y^{**} - T) + I + G + \varDelta G + NX$$
$$Y_S = Y_D' = Y^{**}$$

これらの結果、F 点において、新しい国民所得 Y^{**} が以下のように決まります。

$$Y^{**} = \frac{(c_0 - c_1 T) + I + G + \varDelta G + NX}{1 - c_1} \tag{2}$$

$\varDelta G > 0$ であれば、以前の国民所得 Y^* よりも、新しい国民所得 Y^{**} は増加

しています（$Y^* < Y^{**}$）。したがって，政府支出の増加は，国民所得を増やす効果をもっています。逆に政府支出が減少すれば，国民所得は減ってしまいます。

図7.9において，政府支出が増加する前のE点と増加した後のF点を比較します。国民所得がY^*からY^{**}へ増えたのは，政府支出の増加$\varDelta G$の効果でした。そこで，両者の国民所得を決定する(2)式（p.212）から(1)式（p.211）を差し引けば，下記のように政府支出の増加が国民所得の増加$\varDelta Y$（$=Y^{**}-Y^*$）に与える影響を抽出できます。

$$\varDelta Y = \frac{\varDelta G}{1-c_1}$$

したがって，政府支出が$\varDelta G$だけ増えれば，$\varDelta G/(1-c_1)$だけ国民所得が増加します。たとえば，限界消費性向$c_1=0.6$において，政府支出を10兆円増やすならば，国民所得は25兆円（$=10$兆円$\div(1-0.6)$）だけ増えます。なお，<u>完全雇用の国民所得Y_Fを，目標とする国民所得Y^{**}とすれば，完全雇用の実現に必要な政府支出$\varDelta G$を逆算できます</u>。

この式を変形すれば，

$$\frac{\varDelta Y}{\varDelta G} = \frac{1}{1-c_1} \cdots\cdots 政府支出乗数$$

が得られますが，1単位の政府支出の増加$\varDelta G$が，国民所得をどれだけ増加させるかが示されます。

ここで<u>$1/(1-c_1)$は**政府支出乗数**とよばれており，限界貯蓄性向$(1-c_1)$の逆数になります</u>。限界消費性向$c_1=0.6$では，限界貯蓄性向は0.4（$=1-0.6$）なので，政府支出乗数は2.5（$=1\div0.4$）です。つまり，<u>1兆円の政府支出の増加は，乗数倍となる2.5兆円の国民所得を増やすのです。限界消費性向が高いほど（限界貯蓄性向が低いほど），乗数は大きくなります</u>。

● **様々な乗数**

政府支出の増加によって，国民所得が増加することを学びました。しかし，政府支出だけが，国民所得を増加させるのかといえば，それは違います。総需要が$Y_D = C + I + G + NX$のように表されることから，政府支出Gだけでなく，投資Iも純輸出NXも乗数をもっています。

$$\frac{\Delta Y}{\Delta I} = \frac{1}{1-c_1} \cdots\cdots \text{投資乗数} \qquad \frac{\Delta Y}{\Delta NX} = \frac{1}{1-c_1} \cdots\cdots \text{外国貿易乗数}$$

以上のように，それぞれ**投資乗数**，**外国貿易乗数**とよばれます。いま，考えているマクロ経済のモデルでは，政府支出乗数，投資乗数，外国貿易乗数は同じ値になります。企業や家計による投資や純輸出が増えれば，乗数倍の国民所得の増加につながります。これが**乗数効果**です。

なお，政府は減税によって，国民所得を増やすこともできます。租税の増加 ΔT とすれば，マイナスをつけた $(-\Delta T)$ は減税です。総需要 Y_D'' に租税の増加を考慮すれば，総需要と財市場の均衡条件は次のようになります。

$$Y_D'' = c_0 + c_1(Y^{***} - T - \Delta T) + I + G + NX$$
$$Y_S = Y_D'' = Y^{***}$$

これを均衡国民所得 Y^{***} について解くと，以下のようになります。

$$Y^{***} = \frac{(c_0 - c_1 T - c_1 \Delta T) + I + G + NX}{1 - c_1} \qquad (3)$$

国民所得 Y^* を決定する(1)式（p.211）から(3)式を差し引けば，下記のように減税 $(-\Delta T)$ が国民所得の増加 ΔY $(= Y^{***} - Y^*)$ に与える影響を抽出できます。

$$\Delta Y = \frac{-c_1 \Delta T}{1 - c_1}$$

したがって，租税が ΔT だけ減れば（すなわち減税），$-c_1 \Delta T / (1 - c_1)$ だけ国民所得が増加します。たとえば，限界消費性向 $c_1 = 0.6$ において，租税を10兆円減らすならば，国民所得は15兆円 $(= -0.6 \times (-10 \text{兆円}) \div (1 - 0.6))$ だけ増えます。

この式を変形すれば，

$$\frac{\Delta Y}{\Delta T} = \frac{-c_1}{1-c_1} \cdots\cdots \text{租税乗数}$$

が得られます。1単位の租税の増加 ΔT が，国民所得をどれだけ減少させるかという**租税乗数**です。符号から明らかなように，減税 $(-\Delta T)$ ならば，国民所得は増加します。

確認したいことは，政府支出乗数と租税乗数の大きさの違いです。政府支出

乗数は $1/(1-c_1)$ でしたが，租税乗数は $-c_1/(1-c_1)$ になっています。符号の違いを考慮しても，分子に限界消費性向 c_1 が入っている分，租税乗数は小さくなります。

したがって，<u>同じ規模の政府支出と減税を政府が実施するならば，国民所得を増加させる効果は，政府支出のほうが大きいです。</u>

● 乗数効果の波及プロセス

それでは，なぜ乗数効果が生じるのでしょうか。政府支出の増加による乗数効果の波及プロセスを考えてみましょう。限界消費性向は $c_1=0.6$ とします。

いま，政府支出が1兆円増加したとします。1兆円は総需要を増やし，国民所得を同じだけ増やします（1段階）。限界消費性向は $c_1=0.6$ なので，1兆円の国民所得の増加は，6,000億円（＝0.6×1兆円）の消費を増やします。

6,000億円は総需要を増やし，国民所得を同じだけ増やします（2段階）。6,000億円の国民所得の増加は，3,600億円（＝0.6×6,000億円）の消費を増やします。3,600億円は総需要を増やし，国民所得を同じだけ増やします。3,600億円の国民所得の増加は2,160億円（＝0.6×3,600億円）の消費を増やします（3段階）。

以下は省略しますが，乗数効果の波及プロセスは，無限に続きます。**表7.1**には，1兆円の政府支出の増加による乗数効果を段階ごとにまとめています。各段階の国民所得の増加に注目すると，次のような数列の和であることが分かります。

　　国民所得の増加
　　　＝1兆円＋6,000億円＋3,600億円＋2,160億円＋1,296億円……
　　　＝1兆円×$(1+0.6+0.6^2+0.6^3+0.6^4+……)$

（　）内は規則性のある数列の和になっています。高校の数学でいえば，初項1，公比0.6の無限等比級数の和です。公比は限界消費性向に該当します。無限等比級数の和 A は，初項 a，公比 r とすれば，以下のようになります（本章 p.217 **コラム7.2** 参照）。

$$A=\frac{a}{1-r}$$

表 7.1　政府支出の増加による乗数効果の波及プロセス

段階	政府支出の増加	消費の増加	貯蓄の増加	国民所得の増加
1	1 兆円	なし	なし	1 兆円
2	なし	6,000 億円	4,000 億円	6,000 億円
3	なし	3,600 億円	2,400 億円	3,600 億円
4	なし	2,160 億円	1,440 億円	2,160 億円
5	なし	1,296 億円	864 億円	1,296 億円
(省略)	(省略)	(省略)	(省略)	(省略)
合計	1 兆円	1.5 兆円	1 兆円	2.5 兆円

先の国民所得の増加は，初項 1，公比 0.6 の無限等比級数の和なので，

国民所得の増加
$= 1 兆円 \times (1+0.6+0.6^2+0.6^3+0.6^4+\cdots\cdots)$
$= 1 兆円 \times 1/(1-0.6) = 2.5 兆円$

のように計算できます。したがって，1 兆円の政府支出の増加は，最終的には 2.5 兆円の国民所得の増加をもたらします。

表 7.1 によれば，国民所得が 2.5 兆円増加するのに対し，消費は 1.5 兆円の増加に留まっています。その理由は，<u>国民所得の増加がすべて消費されるのではなく，貯蓄に漏れる部分があるからです</u>。

消費は乗数効果を通して，新たな国民所得を増やしますが，貯蓄は国民所得を増やさないのです。そのため，限界消費性向が高いほど（限界貯蓄性向が小さいほど），乗数効果は大きくなります。<u>減税による租税乗数が，政府支出乗数よりも小さいのは，減税が貯蓄で漏れる部分があるからです</u>。

● **均衡予算乗数は 1 になる**

政府支出を増加させるには財源が必要です。いままで考えてきた政府支出の増加は，国債の発行，すなわち政府の借金によって財源が確保されていました（本章 p. 212 参照）。

コラム 7.2　無限等比級数の和

高校の数学では，無限等比級数の和を習います。初項 a，公比 r の無限等比級数の和を A とすれば，下記のように表現できます。なお，n は∞（無限大）まで果てしなく続きます。

$$A = a + ar + ar^2 + ar^3 + \cdots + ar^n + \cdots \tag{4}$$

この両辺に公比 r を乗じます。

$$rA = ar + ar^2 + ar^3 + ar^4 + \cdots + ar^{n+1} + \cdots \tag{5}$$

(4)式と(5)式の両辺を差し引くと，下記のようになります。

$$A - rA = a$$

これを A について解くと，無限等比級数の和が得られます。

$$A = \frac{a}{1-r}$$

しかしながら，国債発行による財源確保は，短期的には可能だとしても，長期的には持続可能ではありません。政府といえども，永久に借金をすることはできないからです。

したがって，本来，政府支出は国債以外の財源によって賄われることが重要です。ここでは，租税の増加 $\varDelta T$（すなわち増税）によって政府支出の増加 $\varDelta G$ を賄う状況を考えます。総需要 Y_D と財市場の均衡条件は次のようになります。

$$Y_D = c_0 + c_1(Y^+ - T - \varDelta T) + I + G + \varDelta G + NX$$
$$Y_S = Y_D = Y^+$$
$$\varDelta T = \varDelta G$$

最後の式は，租税の増加によって政府支出の増加を賄う**均衡予算**を表現しています。これを均衡国民所得 Y^+ について解きます。

$$Y^+ = \frac{(c_0 - c_1 T - c_1 \varDelta T) + I + G + \varDelta G + NX}{1 - c_1}$$

これを国民所得 Y^* の(1)式と両辺を差し引けば，新たな均衡国民所得 Y^+ の達成に必要な政府支出 $\varDelta G$ を求めることができます．

$$\varDelta Y = Y^+ - Y^* = \frac{\varDelta G - c_1 \varDelta T}{1 - c_1}$$

さて，いまは均衡予算（$\varDelta T = \varDelta G$）が成立しています．したがって，この式に，$\varDelta T = \varDelta G$ を代入すれば，次のようになります．

$$\varDelta Y = \frac{\varDelta G - c_1 \varDelta G}{1 - c_1} = \frac{\varDelta G(1 - c_1)}{1 - c_1} = \varDelta G$$

つまり，増税 $\varDelta T$ によって政府支出の増加 $\varDelta G$ を賄う場合，国民所得は政府支出の増加分しか増えないのです．この式を変形すれば，

$$\frac{\varDelta Y}{\varDelta G} = 1 \cdots\cdots 均衡予算乗数$$

この場合の乗数が1であることが分かります．これが**均衡予算乗数**です．

たとえば，限界消費性向 $c_1 = 0.6$，当初の国民所得 $Y^* = 515$ 兆円だとします．ここで，政府支出の増加 $\varDelta 20$ 兆円を租税の増加 $\varDelta T$ によって賄う政策を実施し，新たな国民所得 Y^+ を目指すとしましょう．

まず，政府支出の増加10兆円による国民所得の増加は，政府支出乗数を考慮すれば25兆円（＝10兆円÷(1−0.6)）です．一方，租税の増加 $\varDelta T$ による国民所得は，租税乗数を考慮すれば15兆円（＝10兆円×0.6÷(1−0.6)）の減少になります．25兆円の増加と15兆円の減少なので，国民所得の増加 $\varDelta Y$ は10兆円（＝25兆円−15兆円）です．したがって，新たな国民所得 $Y^+ = 525$ 兆円（＝515兆円＋10兆円）になります．

● **今後に経済学を学ぶ上での留意点**

本書で考察するマクロ経済学はここまでとします．本来，マクロ経済学は，ここから分析の中身が濃くなってゆくのですが，それは『マクロ経済学』の教科書に任せることにいたしましょう．

ただし，本書のマクロ経済学の内容でも，基礎的な知識は身についています．新聞の経済面を読むときに，政府支出と租税によるマクロ経済政策の効果については理解できると思います．

本章を終えるにあたって，今後にマクロ経済学を学ぶ上での留意点について

述べておきます。

　本章では，45度線図による財市場を分析することで，財市場の均衡について考察をしてきました。政府支出乗数よりも，租税乗数のほうが小さいこと，さらに均衡予算乗数は1になることを知りました。

　本章で提示されたモデルは基本的なものです。今後，皆さんが，より高度なマクロ経済学を学ぶときには，本書にある基本的なモデルが想定している「前提条件」を一つずつ外し，それによって分析結果がどのように変わるかを見てゆくことになります。

　本章のマクロ経済学は，主に財市場による分析が中心でした。マクロ経済には，財市場だけでなく，資産市場や労働市場といった生産要素市場も存在します。したがって，生産要素市場が，どのように動くのかについて，検討することが必要になります。

　また，本章のマクロ経済学は「短期」の分析が中心でした。「中期」や「長期」においては，市場の価格調整メカニズムが機能するため，本章とは異なる分析結果が示されることになるでしょう。

　このようにマクロ経済学では，どのような想定でモデルを考えているのか，「短期」なのか「中期」なのか「長期」なのか，といった「前提条件」により，得られる結果が異なるのです。どのような「前提条件」をモデルに組み込むのかは，学ぶ側の皆さんのセンスになります。

　そして，本書の前半部分では，主にミクロ経済学の内容が展開されました。本書よりも高度なミクロ経済学を学ぶためには，やはり『ミクロ経済学』の教科書へ進むべきです。本書を契機として，『ミクロ経済学』や『マクロ経済学』，さらには個々の専門分野の教科書へと読み進んでください。

復習

(1) 財市場を表現した45度線図における45度線は，総需要＝総供給となる_____条件を示している。

(2) 可処分所得がわずかに増えたとき，その増分に対して消費がどれだけ増えるかを示すのが_____性向である。

(3) _____乗数は，1単位の政府支出の増加によって，どれだけ国民所得が増えるかを示している。

(4) 減税による_____乗数は，貯蓄に漏れる部分があることから，政府支出乗数よりも小さい。

練習問題

問題1　マクロ経済学の2つの考え方

マクロ経済学の2つの考え方に関する記述のうち，誤っている文章は次のどれでしょうか。

ヒント：p.189～190を読もう！

(1) 新古典派経済学を基礎とするマクロ経済学では，経済主体の最適化行動と市場の調整メカニズムを重視する。

(2) ケインズ経済学では，市場における価格の調整メカニズムがうまく機能しないとして，マクロ経済を分析する。

(3) たとえば世界的な大恐慌のときには，市場の調整メカニズムが円滑に機能していたといえる。

(4) マクロ経済学には，新古典派経済学とケインズ経済学の考え方がある。

問題2　GDPとは①

GDPに関する記述のうち，誤っている文章は次のどれでしょうか。

ヒント：p.190～193を読もう！

(1) GDPとは，ある一定期間に，ある1国の国内において，新たに生産された財・サービスの付加価値の合計である。

(2) 付加価値から中間投入額を差し引けば生産額になる。

(3) 家庭内での無償の労働サービスはGDPに含まない。

(4) 農家の自家消費や持ち家の帰属家賃はGDPに含まれる。

問題3　GDPとは②

GDPに関する記述のうち，誤っている文章は次のどれでしょうか。

ヒント：p.192～198を読もう！

(1) 基準年の価格を固定し，比較年の数量を用いた GDP が名目 GDP である。
(2) 在庫は投資とするため，支出面の GDE は生産面の GDP と必ず等しくなる。
(3) GDP デフレータは，どれだけ物価が変動したかを示す指標である。
(4) 分配面の GDI は，生産面の GDP と必ず等しくなる。

問題 4　総供給曲線の形状

財市場における総供給曲線の形状に関する記述のうち，<u>誤っている文章</u>は次のどれでしょうか。　　　　　　　　　　　　　ヒント：p.198〜204 を読もう！

(1) 短期の総供給曲線は右上がりになる。
(2) 長期の総供給曲線は垂直になる。
(3) 短期では総需要が生産量を決定する。
(4) 長期において，総需要の増減は物価に影響を与える。

問題 5　消費と消費関数

消費と消費関数に関する記述のうち，<u>誤っている文章</u>は次のどれでしょうか。　　　　　　　　　　　　　ヒント：p.208〜210 を読もう！

(1) 可処分所得に占める消費は平均消費性向，可処分所得に占める貯蓄は平均貯蓄性向である。
(2) 可処分所得の増分に対する消費の増分は限界消費性向，可処分所得の増分に対する貯蓄の増分は限界貯蓄性向である。
(3) 基礎的消費とは，可処分所得がゼロでも生存に必要な消費である。
(4) 消費関数は，基礎的消費に平均消費性向×可処分所得を加えたものである。

問題 6　45 度線分析による国民所得の決定

総需要 Y_D＝消費 C＋投資 I＋政府支出 G＋純輸出 NX，C＝基礎的消費 c_0＋限界消費性向 c_1×可処分所得 (Y^*-T)，総供給 Y_S＝総需要 Y_D＝Y^* のとき，短期の財市場における均衡国民所得 Y^* の決定に関する記述のうち，<u>誤っている文章</u>は次のどれでしょうか。　　　　　　　　　　　　　ヒント：p.210〜218 を読もう！

(1) 政府支出乗数，投資乗数，外国貿易乗数は $1/(1-c_1)$ で等しい。
(2) 租税乗数は $-c_1/(1-c_1)$ となり，減税の場合は国民所得を減らす。
(3) 減税による租税乗数は政府支出乗数よりも小さい。
(4) 政府支出の増加を増税で賄う場合の均衡予算乗数は 1 になる。

問題 7　レポート①

第 7 章の内容を踏まえ，下記をテーマにレポート（1,000 字以上）を作成しなさい。

(1) GDP について説明せよ。「GDP について」
(2) 財市場の総供給曲線の形状について説明せよ。「財市場の総供給曲線の形状に

(3) 45度線分析における国民所得の決定について説明せよ。「45度線分析における国民所得の決定について」
(4) マクロ経済政策の効果について説明せよ。「マクロ経済政策の効果について」

問題8　レポート②
第7章を読む前と読んだ後を比較して，どのような考えを得ることができたか，「第7章を読んで」をテーマにレポート（1,000字以上）を作成しなさい。

練習問題解答
問題1　正解（3）：大恐慌のときには，特に労働市場での調整メカニズムが円滑に機能せず，失業が長期化した。

問題2　正解（2）：生産額から中間投入額を差し引けば付加価値になる。

問題3　正解（1）：基準年の価格を固定し，比較年の数量を用いたGDPは実質GDPである。

問題4　正解（1）：短期の総供給曲線は水平になる。

問題5　正解（4）：消費関数は，基礎的消費に限界消費性向×可処分所得を加えたものである。

問題6　正解（2）：減税の場合は国民所得を増やす。

問題7　正解省略

問題8　正解省略

索　引

ア　行
アウトプット　10
アダム・スミス　189

1財モデル　75
一般均衡分析　172
インプット　10
インフレーション　203

エンゲル曲線　112

カ　行
外国貿易乗数　214
外部性　173
価格　49
価格政策　177
価格弾力的　106, 109
価格調整　159
価格非弾力的　106, 109
下級財　114
家計　3, 69
可処分所得　208
課税　175
寡占　134
価値尺度　54
価値貯蔵手段　58
貨幣　54
完全競争市場　164
完全雇用　198

機会費用　24
企業　3, 128
技術進歩　31
技術的外部性　173
希少性　8
規制　175

帰属家賃　193
ギッフェン財　162
供給　50, 143
供給曲線　68, 128, 143
供給者価格　162
競合性　174
巨視的経済　22, 188
均衡　51
均衡価格　68, 158
均衡国民所得　210
均衡条件　207
均衡数量　68, 158
均衡点　68, 158
均衡予算　217
均衡予算乗数　218
金銭的外部性　173
金属貨幣　56

クモの巣調整過程　166

計画経済　152
経済　2
経済活動　5
経済財　8
経済主体　17, 69
経済循環　61, 62
経済成長　31
経済的欲求　3
経済の基本問題　7
ケインズ　190
ケインズ経済学　189
結合生産　21
限界概念　70
限界効用　72
限界効用曲線　72, 99
限界効用逓減　72

限界消費性向　208
限界貯蓄性向　208
限界費用　140
限界費用曲線　140

交換　47
交換手段　57
交換比率　49
公共財　174
公共料金　176
交差弾力性　110
効用　72, 80
効用関数　80
効用曲線　100
効用最大化行動　86
国内総生産　190
固定費用　129
古典派経済学　189

サ　行

サービス　3
財　3
財・サービス　3
財・サービス市場　59
財市場　196
最適化行動　188
産出　10
三面等価の原則　195

自家消費　193
資源　5
資源配分　8
支出面の国内総支出　194
市場　50
市場供給関数　157
市場供給曲線　155
市場経済　152
市場需要関数　155
市場需要曲線　154
市場の失敗　173

市場の調整メカニズム　159
自然貨幣　56
失業　200
実質 GDP　196
実物資本　5
私的財　174
紙幣　56
資本　9
資本家　20, 63
資本減耗　33
資本財　6
資本集約型産業　23
資本主義経済　62
資本ストック　35
資本蓄積　34
社会計画者　23
自由財　8
収入　133
収入曲線　135
需要　50
需要関数　92, 116
需要曲線　68
需要者価格　162
需要の価格弾力性　105
純輸出　194
上級財　114
乗数効果　214
消費　4
消費可能集合　78
消費財　4
消費者余剰　101
商品貨幣　56
情報伝達機能　51
情報の非対称性　164
所得　75
所得消費曲線　112
所得弾力性　114
新古典派経済学　189
人的資源　5
人頭税　182

索　引

信用貨幣　56

数量調整　162
ストック　35

生産　5
生産可能性曲線　26
生産可能性集合　26
生産関数　11
生産技術　11
生産財　6
生産者余剰　144
生産面の GDP　192
生産要素　10
生産要素市場　59
正常財　114
贅沢品　115
正の外部性　174
正の財　4
政府　3, 170
政府支出乗数　213
絶対優位　43
設備投資　32

総供給曲線　196
総需要曲線　196
総費用　129
総余剰　168
租税乗数　214
損益分岐点　144

タ　行

耐久消費財　4
代替財　110
兌換紙幣　56
短期　30

中央集権　152
中間投入額　191
超過供給　160

超過需要　160
超過負担　178
長期　30
調整機能　51

天然資源　5

投資　34
投資財　6
投資乗数　214
投入　10
独占　134
独立財　110
特化　41
トレード・オフ　24

ナ　行

2財モデル　75
二律背反　24

ハ　行

排除性　174
半耐久消費財　4

比較優位　46
非競合性　174
微視的経済　22, 188
非耐久消費財　4
必需品　115
非排除性　174
費用　129
費用逓減産業　174

付加価値　190
不換紙幣　56
複占　134
物価　196
物的資源　5
物々交換　48
負の外部性　174

負の財　4
部分均衡分析　172
フロー　35
分業　40
分権　152
分配面の国内総所得　195

平均消費性向　208
平均貯蓄性向　208
平均費用　138
平均費用曲線　140
変化　104
変化率　104
変動費用　129

補完財　110
補助金　175
本源的生産要素　10

マ　行

マーシャル的調整過程　163
マクロ経済　2, 22, 188
マクロ経済学　188
マクロ経済政策　212
マクロの生産関数　22

ミクロ経済　2, 22, 188
ミクロ経済学　188

無限　6
無差別曲線　84

名目 GDP　195

ヤ　行

有限　6
輸出　194
輸入　194

欲望の二重の一致　52
予算制約式　77
予算制約線　78
余剰分析　176

ラ　行

利潤　129
利潤最大化行動　129

劣等財　114

労働　5
労働供給曲線　122
労働者　20, 63
労働集約型産業　23
労働需要　147
労働需要曲線　147
労働生産性　42
労働投入係数　42
労働の限界生産力　146
労働の限界生産力曲線　147

ワ　行

ワルラス的調整過程　160

英　字

GDP　190
GDP デフレータ　196

著者略歴

上村　敏之
（うえむら　としゆき）

1972 年	神戸市生まれ
1994 年	関西学院大学経済学部卒業
1999 年	関西学院大学大学院経済学研究科博士課程単位取得退学
2000 年	博士（経済学）取得
同　年	東洋大学経済学部専任講師，その後助教授，准教授，
	関西学院大学経済学部准教授を経て
2009 年	関西学院大学経済学部教授（現在に至る）

主要編著書

『財政負担の経済分析――税制改革と年金政策の評価』（関西学院大学出版会，2001）
『はじめて学ぶ 国と地方の財政学』（日本評論社，2005）
『「小泉改革」とは何だったのか――政策イノベーションへの次なる指針』（共編著）
　　（日本評論社，2006）
『検証 格差拡大社会』（共編）（日本経済新聞出版社，2008）
『公的年金と財源の経済学』（日本経済新聞出版社，2009）
『空港の大問題がよくわかる』（共著）（光文社，2010）
『公共経済学入門』（新世社，2011）
『コンパクト 財政学［第 2 版］』（新世社，2013）
『消費増税は本当に必要なのか？――借金と歳出のムダから考える日本財政』
　　（光文社，2013）
『税と社会保障負担の経済分析』（共著）（日本経済評論社，2015，第 25 回租税資料館
　　賞）

ライブラリ 経済学レクチャー & エクササイズ=1
レクチャー&エクササイズ 経済学入門
2017年7月25日© 初版発行

著　者	上村敏之	発行者	森平敏孝
		印刷者	加藤純男
		製本者	米良孝司

【発行】　　　　　　株式会社　新世社
〒151-0051　東京都渋谷区千駄ヶ谷1丁目3番25号
編集 ☎(03)5474-8818(代)　　　サイエンスビル

【発売】　　　　　　株式会社　サイエンス社
〒151-0051　東京都渋谷区千駄ヶ谷1丁目3番25号
営業 ☎(03)5474-8500(代)　　　振替 00170-7-2387
FAX ☎(03)5474-8900

印刷　加藤文明社　　　　製本　ブックアート
《検印省略》

本書の内容を無断で複写複製することは，著作者および出版者の権利を侵害することがありますので，その場合にはあらかじめ小社あて許諾をお求めください。

ISBN 978-4-88384-256-8
PRINTED IN JAPAN

サイエンス社・新世社のホームページのご案内
http://www.saiensu.co.jp
ご意見・ご要望は
shin@saiensu.co.jp まで．